MW00999583

Key
to
Biblical Hebrew
Step by Step

Volume 1

Menahem Mansoor

BAKER BOOK HOUSE
Grand Rapids, Michigan 49506

Copyright 1981 by
Menahem Mansoor

Published by Baker Books
a division of Baker Book House Company
P.O. Box 6287, Grand Rapids, MI 49516-6287

ISBN: 0-8010-6100-8

Sixth printing, August 1996

Printed in the United States of America

Contents

Preface

Some disappointment has been expressed by both students and teachers at the lack of a key giving model translations of the exercises in *Biblical Hebrew: Step by Step*, Second Edition; all the more so since the book is used in an independent study course at the University of Wisconsin-Madison and elsewhere and also as a self-instruction manual. Obviously such a key would be helpful to students in universities and seminaries in the United States and abroad. But it is for the benefit primarily of those who use this book without an instructor's guidance that this key has been prepared.

Of course, there is danger that students will use the key too often and too readily. However, the author believes that all students using *Biblical Hebrew*, Second Edition, are seriously motivated to study the original language of the Hebrew Bible, not only for personal and spiritual enrichment but also for teaching and exegetical purposes. Hence, *it is highly recommended that the key be used merely as a check on one's work after one has completed the written assignments unaided by the key.*

One other general point should be mentioned here: It is obvious that the more advanced the work becomes, the greater will be the number of possible translations (especially true in Semitic languages). In these model translations we have purposely used translations expected from the users of this book, keeping in mind the limitations of vocabulary and the grammar covered in this book. The student should consult the vocabularies and the grammatical materials when in doubt.

The general aim has been to keep this key as short, simple, and unpretentious as possible. After all, it is only a second-semester course. Only in rare instances has it been felt necessary to include some explanatory notes on translation problems.

A sound rule of accurate translation is to keep as near as possible to the original without abusing the language into which one is translating. Needless inaccuracy—as, for example, writing "I saw *this* man" where the Hebrew original says, "I saw *that* man"—is careless and inexcusable. Translating into English should, as a rule, result in idiomatic English.

In this key, where the English idiom diverges considerably from the Hebrew original, a literal translation of the Hebrew text is sometimes given. Where there are alternative translations, each acceptable, both are offered.

The author hopes that this key may serve a useful purpose and welcomes any suggestions and corrections for possible inclusion in subsequent editions. Please address your suggestions and corrections to the author.

A cassette with readings of the selected passages from Genesis is also available from the publisher.

Menahem Mansoor
1225 Sweetbriar Road
Madison, WI 53705

Lesson One   A Brief Survey of the Semitic Languages

(There are no model answers provided for this Lesson. It should be self-explanatory.)

Lesson Two   The Hebrew Alphabet

A. ḥeth - ḥ, aḧ-yin - ᶜ, yohd - y, vahv - v or wahw - w, teht - ṭ, kofh - q, beth - b
   or veth - v, seen - ś or sheen - š, sh, gee-mel - g, tŝah-dee - ṣ, dåh-leth - d,
   heh - h, aḧ-leph - ᵓ, aḧ-yin - ᶜ, seen - ś or sheen - š, sh, dåh-leth - d, kahf - k or
   khahf - kh, nun - n, mem - m, feh - f or peh - p, kahf - k or khahf - kh,
   mem - m, såh-mekh - s, nun - n, feh - f or peh - p, tŝah-dee - ṣ, rehsh - r,
   khahf - kh

B. rehsh - r aḧ-leph - ᵓ vahv - v wahw - w beth - b or veth - v nun - n,
   seen - ś or sheen - š (sh) mem - m aḧ-yin - ᶜ
   vahv - v or wahw - w nun - n,
   zåh-yin - z kahf - k or khahf - kh rehsh - r
   yohd - y heh - h,
   yohd - y tŝah-dee - ṣ ḥeth - ḥ kofh - q,
   dåh-leth - d vahv - v or wahw - w dåh-leth - d,
   yohd - y, seen - ś or sheen - sh, aḧ-yin - ᶜ
   yohd - y heh - h,
   beth - b or veth - v rehsh - r vahv - v or wahw - w
   kahf - k or khahf - kh,
   teht - ṭ vahv - v or wahw - w beth - b or veth - v
   yohd - y heh - h,
   feh - f or peh - p nun - n ḥeth - ḥ saḧ-mekh - s,
   mem - m nun - n ḥeth - ḥ mem - m,
   yohd - y vahv - v or wahw - w nun - n heh - h,
   yohd - y ḥeth - ḥ zåh-yin - z kofh - q aḧ-leph - ᵓ
   låhmed - l

C. v-w y h y   ᶜ r b-v   v-w y h y   b-v q r   y v-w m
   h š š y

10

v-b r ᵓ š y t   v-b r ᵓ   ᵓ l h y m   ᵓ t h š m y m

v-w ᵓ t   h ᵓ r ṣ

v-w ᵓ l h   š m v-w t   b-v n y   y ś r ᵓ l   h b-v ᵓ y m

m ṣ r y m h

D. 1. 22

    2. No

    3. No

    4. ב, ג, ד, כ, פ, ת

    5. כ, מ, נ, פ, צ

Lesson Three Phonology

A. h and ḥ
d and r
d and kh
ʿ and ṣ
g and n
t and ḥ
m and m
ʿ and ṣ
m and s
v and z

B.

d	ד	s	ס
m	מ ם	q	ק
t	ת	ś	שׂ
k	כּ	g	ג
b	בּ	r	ר
v	ו ב	ṭ	ט
ʿ	ע	h	ה
ʾ	א	y	י
ḥ	ח	š	שׁ
p	פּ ף	l	ל

C. Please note the following transliterations in this exercise:

ו is either v or w
ב is either b or v
כ is either k or kh
פ is either p or f
ש is either ś or š

mh ṭvu ʾhlykh yʿqv
mškhnvtykh yśrʾl
ʾšry hʾyš ʾšr lʾ hlkh vʿṣt ršʿym
vhʾrṣ hyth thv vv hv
vḥškh ʿl fny thvm
vyʾmr ʾlhym yhy ʾvr
vyrʾ ʾhlym ky ṭvb

Lesson Four The Hebrew Alphabet

A. ᵓv, ᶜm, bt, ᵓm, ṣvᵓ, ḥvr,
zkh, fh, šmym, yld, gr, knᶜn,
ḥlvm, ṭvb, ksᵓ, šlvm, qvl, ᶜṣ

B. Copy either the simplified square or the cursive script.

C. בקר ערב בטח אף שנה שלו מלך עץ
גדול זאת

D. אב עם בת אם צבא חבר זך פה שמים
ילד גר כנען חלום טוב כסא שלום קול עץ

E. יצחק יעקב שלום אסתר שלמה

F. Describe the different scripts of the Hebrew alphabet. (See description of the different scripts of the Hebrew alphabet on pages 25–27.)

Lesson Five Vowels

The following reading passages are selected for transliteration. Follow these selections along with the corresponding recordings in your cassette. Make sure you can read these selections well. If you can read these exercises correctly, you can read any Hebrew passage correctly.

A. 1. dā, ba, li, mā, ni, ta, ga, di, te, pe, le, ki, shē, sa, lō, yū, sā, lu

    2. nī, yu, nō, ṭa, rē, pū, fā, mī, me, rē, ᶜe, ni, ḥī, vū, ḥā, qō, ʾō, zī

    3. pu, fe, ṣā, na, ṭe, qū, ba, ve, tu, ᶜā, hō, ga, shā, dē, tō, si, ʾe

B. 4. kaf, ᶜēs, pen, ʾim, ᶜaf, rās, die, gal, ᶜal, ʾel

      shīr, qōl, ᶜīr, sūs, dūd, ʾīsh, tōv, ʾōr

D. 6. (Last syllable having the sound of "ay" as "ie" in "tie")

      mātay, ʾādōnāy, ᶜēnay, day, shiray, ḥay, dōday, dōdōtay, shay, ʾulay

E. 11. hēm, hayāh, hayyōm, hāʾāv, ʾahavāh, ʾaḥ, hāyāh, ḥayyīm, haḥōm, aḥīm

  12. dāvid, hivvālēd, vāv, vehassūs, vālād

      zāhāv, źayit, hazzeh, vezōʾt, zūz

F. 17. ʾāv, ʾāvīv, lēv, ǵever, ʾāvīv

      qav, vāv, gēv, qavvēh, tiqvāh

G. 23. reʾēh, bᵉnī, ʾegōz, ʾonīyāh, ʾemet, pᵉrāhīm, ʾanī

      hālōm, shᵉlōmōh, ᶜavōdāh, ḥavērīm, yaᶜasēh, ḥamishāh, ʾadōnāy

  24. yiṣḥāq, sifrēnū, yiqrāʾ, malkēnū

      yardēn, yaldāh, marʾeh, binyāmīn

      malkᵉkhem, tikhtᵉvū, yiṣḥāq, mamlakhti, darkᵉkhā

Lesson Six Gender; Conjunction *AND*; Definite Article *THE*

A.
1. book - m.
2. lamp - f.
3. voice - m.
4. law - f.
5. day - m.
6. night - m.
7. evening - m.
8. door - f.
9. house - m.
10. field - m.

B.
1. day, and a day, the day
2. a day and a night, the night
3. a man and a woman
4. the door and the house
5. the son and the daughter
6. a morning and an evening
7. the animal, and the mare
8. the day and thc night
9. the prophet and the voice
10. the house and the field
11. the son and the book
12. the book and the Torah (law)

C.
1. הַקּוֹל, וְקוֹל
2. סוּס, וְסוּס, וְהַסּוּס
3. וְהַשָּׂדֶה, וְשָׂדֶה
4. דֶּלֶת, הַדֶּלֶת, וְהַדֶּלֶת*
5. לַיְלָה וְיוֹם
6. וְהַנְּבִיאָה
7. הַבַּיִת, וְהַבַּיִת
8. וְשָׂדֶה, וְהַבְּהֵמָה
9. וְהַתּוֹרָה, וְתוֹרָה
10. הַנָּבִיא, וְסֵפֶר

D.
1. סוּסָה
2. אֵם
3. בַּת
4. נְבִיאָה
5. אִשָּׁה
6. דּוֹדָה

* Write דֶּלֶת (not דֶּ֫לֶת). Please note that the sign (<) is arbitrarily used to indicate the accentuated syllable. It is not part of the vowel system in Hebrew. Do not use it.

Lesson Seven Adjectives

A.

1. טוֹבָה
2. גְּדוֹלָה
3. יָפָה
4. לְבָנָה
5. זְקֵנָה
6. אִשָּׁה
7. יַלְדָּה
8. קְדוֹשָׁה
9. דּוֹדָה
10. סוּסָה

B.

1. אִשָּׁה צְעִירָה
2. הַיַּלְדָּה הַקְּטַנָּה
3. הַדּוֹדָה הַזְּקֵנָה
4. הַסּוּסָה הַלְּבָנָה
5. הַיַּלְדָּה הַטּוֹבָה

C.

1. a great family
2. a young and beautiful woman
3. good night
4. without the young daughter
5. from the house to the field
6. to the little house
7. upon the white horse
8. without the family
9. under a tree
10. with the boy and with the girl

E.

1. מִן בַּיִת
2. עֶרֶב טוֹב
3. בְּלִי הַסֵּפֶר
4. הַדֶּלֶת הַקְּטַנָּה
5. תַּחַת הַבַּיִת
6. עַל הַסּוּס
7. עִם הַבֵּן
8. סֵפֶר קָדוֹשׁ
9. בְּרָכָה גְּדוֹלָה
10. הַיּוֹם הַגָּדוֹל

F.

1. עִם אִישׁ גָּדוֹל
2. אֶל־בַּיִת גָּדוֹל
3. מִן־הַבַּיִת הַגָּדוֹל
4. וְיוֹם יָפֶה
5. בְּלִי הַסֵּפֶר הַלָּבָן
6. מִן דּוֹר זָקֵן
7. עַל־הַסּוּס הַשָּׁחוֹר
8. תַּחַת עֵץ קָטָן
9. בְּלִי שֵׁם רַע
10. עִם הַבַּת הַיָּפָה

Lesson Eight Quiz on Lessons 1–7

A. 1. (c)
   2. (b), (d)
   3. (d)

B. 1. T
   2. F
   3. T
   4. T
   5. F*
   6. F
   7. F
   8. T

C. 1. (a), (d)
   2. (c)
   3. (a), (b), (d)
   4. (a), (b), (d)
   5. (a), (b), (d)

D. 1. מ cannot take dagesh *lene.*
   2. ל does not have a final form.
   3. ע cannot take dagesh *forte.*
   4. וּ is long (not short).
   5. ְ is not a vowel.
   6. Persian is not a Semitic language.

E. 1. law תּוֹרָה - f.
   woman אִשָּׁה - f.
   night לַיְלָה - m.
   evening עֶרֶב - m.
   voice קוֹל - m.
   field שָׂדֶה - m.

---

* Many students incorrectly answer True, probably because of the endings ָה or ת. However, not all feminine nouns end in ָה or ת. For instance, בַּיִת and לַיְלָה are masculine. (See Lesson Six, sections b and c.)

2. daughter   בַּת - f.   door   דֶּלֶת - f.

    name   שֵׁם - m.   light   אוֹר - m.

    house   בַּיִת - m.   tree   עֵץ - m.

F.

יוֹם יָפֶה

הַסּוּס הַטּוֹב

אֶל־הַנָּבִיא הַזָּקֵן

וְהַבֵּן צָעִיר

מִן־הַבַּיִת הַגָּדוֹל

עִם סוּס קָטָן תַּחַת עֵץ

אוֹר גָּדוֹל מִן־הַבַּיִת

Lesson Nine Nouns with Adjectives; Dual Number; Definite Article

A.

Regular Plural Forms

1. סוּסִים גְּדוֹלִים
2. שִׁירִים טוֹבִים
3. הַדּוֹדוֹת הַטּוֹבוֹת
4. נְבִיאִים צְעִירִים
5. הַבְּרָכוֹת הַגְּדוֹלוֹת
6. הַסּוּסִים הַלְּבָנִים
7. מְנוֹרוֹת שְׁחוֹרוֹת
8. הַנְּבִיאוֹת הָרָעוֹת

Irregular Plural Forms

1. אֲנָשִׁים זְקֵנִים
2. הַנָּשִׁים הַיָּפוֹת
3. עַמִּים גְּדוֹלִים
4. הַיָּמִים הָרָעִים
5. הַבָּתִּים הַלְּבָנִים
6. בָּנִים קְטַנִּים
7. בָּנוֹת טוֹבוֹת
8. הַלֵּילוֹת הָרָעִים
9. הַשָּׁנִים הַטּוֹבוֹת
10. הָאָבוֹת הַגְּדוֹלִים

B.

1. old women
2. the great fathers
3. small daughters
4. the young sons
5. the evil nights
6. the great nations
7. white houses
8. the good days
9. good years
10. old men

C.

1. הַסּוּסִים הַלְּבָנִים
2. בְּרָכוֹת גְּדוֹלוֹת
3. הַמַּמְלָכוֹת הַקְּטַנּוֹת
4. מִשְׁפָּחוֹת טוֹבוֹת
5. הָעֵצִים הַיָּפִים
6. הַבָּנִים הָרָעִים
7. בָּנוֹת קְטַנּוֹת
8. בָּתִּים לְבָנִים
9. נָשִׁים טוֹבוֹת
10. הַיָּמִים הַקְּדוֹשִׁים

D.

1. הַלֵּילוֹת
2. הָאֲנָשִׁים
3. הַבָּנוֹת
4. הַנְּבִיאִים
5. הָעֵצִים
6. הַסּוּסוֹת
7. הַשָּׁנִים
8. הָאָבוֹת
9. הַנָּשִׁים
10. הַמַּמְלָכוֹת
11. הַבָּתִּים
12. הַיָּמִים
13. הַכּוֹכָבִים
14. הַדְּבָרִים
15. הָרָאשִׁים

Lesson Ten Segholate Nouns; Personal Pronouns; Present Tense of *TO BE*

A.

1. סְפָרִים
2. נְחָלִים
3. שְׁעָרִים
4. פְּרָחִים
5. מְנוֹרוֹת
6. כְּלָבִים
7. יְלָדִים
8. נְעָרִים
9. בְּגָדִים
10. כְּרָמִים

B.

אני, אתה, את, הוא, היא, אנחנו, אתם, אתן, הם, הן

C.

1. I am the man.
2. the beautiful garment
3. The garment is beautiful.
4. The tree is small.
5. the good mare
6. The door is small.
7. a good land
8. the wicked soul
9. a great sacrifice
10. the big gate
11. a good rain
12. the small dog
13. a big stream
14. the beautiful vineyard
15. a young lad
16. the big gate
17. the white door
18. a black horse
19. the young king
20. The book is good.

D.

1. אֲנַחְנוּ הָאֲנָשִׁים
2. הַבְּגָדִים הַיָּפִים
3. הַבְּגָדִים יָפִים
4. הָעֵצִים קְטַנִּים
5. הַסּוּסוֹת הַטּוֹבוֹת
6. הַדְּלָתוֹת קְטַנּוֹת
7. אֲרָצוֹת טוֹבוֹת
8. הַנְּפָשׁוֹת הָרָעוֹת
9. זְבָחִים גְּדוֹלִים
10. הַשְּׁעָרִים הַגְּדוֹלִים
11. גְּשָׁמִים טוֹבִים
12. הַכְּלָבִים הַקְּטַנִּים
13. נְחָלִים גְּדוֹלִים
14. הַכְּרָמִים הַיָּפִים
15. נְעָרִים צְעִירִים
16. הַשְּׁעָרִים הַגְּדוֹלִים
17. הַדְּלָתוֹת הַלְּבָנוֹת
18. סוּסִים שְׁחוֹרִים
19. הַמְּלָכִים הַצְּעִירִים
20. הַסְּפָרִים טוֹבִים

E.

1. ספר טוב
2. הספר הטוב
3. הספר טוב
4. הספרים טובים
5. הספרים הטובים
6. הבגד השחור על־הספר הלבן
7. הסוס תחת העץ
8. הילד בלי הספרים
9. יום גדול, היום גדול, היום הגדול
10. שנה טובה, השנה הטובה,* בקר טוב

F.

1. the big gate
2. the big gates
3. The gates are big.
4. the holy books
5. The books are holy.
6. a good woman
7. The woman is a prophetess.
8. the good women
9. the beautiful women
10. a good year

---

*When writing without vowels do not indicate the dagesh or any of the dots used in vocalized text. Thus, שנה טובה, השנה הטובה (not שׁנה טוֹבה, השׁנה הטוֹבה). Remember, Hebrew originally had no vowels at all. (See Lesson Five, Note 8.)

Lesson Eleven   Review of Lessons 1-10

No Model answers are given. Check your own answers as indicated.

Lesson Twelve Verbs

A.

1. גמר
2. אכל
3. כתב
4. אמר
5. ישב
6. הלך
7. למד
8. סגר
9. נתן
10. עמד

B.

1. נוֹתֵן, נוֹתֶנֶת, נוֹתְנִים, נוֹתְנוֹת
2. עוֹמֵד, עוֹמֶדֶת, עוֹמְדִים, עוֹמְדוֹת
3. אוֹמֵר, אוֹמֶרֶת, אוֹמְרִים, אוֹמְרוֹת
4. יוֹשֵׁב, יוֹשֶׁבֶת, יוֹשְׁבִים, יוֹשְׁבוֹת
5. גּוֹמֵר, גּוֹמֶרֶת, גּוֹמְרִים, גּוֹמְרוֹת
6. כּוֹתֵב, כּוֹתֶבֶת, כּוֹתְבִים, כּוֹתְבוֹת
7. הוֹלֵךְ, הוֹלֶכֶת, הוֹלְכִים, הוֹלְכוֹת
8. סוֹגֵר, סוֹגֶרֶת, סוֹגְרִים, סוֹגְרוֹת

C.

1. The man sits under the tree with the dog.
2. The daughter learns from the book.
3. The woman walks from the house to the field.
4. The prophets are sitting beside the tree.
5. The family walks from the gate to the house.

D.

1. אכל
2. אמר
3. כתב
4. למד
5. עמד
6. ילד
7. אכל
8. ישב
9. סגר
10. נתן

Lesson Thirteen The Present Tense; More About Gender

A.

אֲנִי יוֹשֵׁב, יוֹשֶׁבֶת	אֲנִי אוֹמֵר, אוֹמֶרֶת
אַתָּה יוֹשֵׁב	אַתָּה אוֹמֵר
אַתְּ יוֹשֶׁבֶת	אַתְּ אוֹמֶרֶת
הוּא יוֹשֵׁב	הוּא אוֹמֵר
הִיא יוֹשֶׁבֶת	הִיא אוֹמֶרֶת
אֲנַחְנוּ יוֹשְׁבִים, יוֹשְׁבוֹת	אֲנַחְנוּ אוֹמְרִים, אוֹמְרוֹת
אַתֶּם יוֹשְׁבִים	אַתֶּם אוֹמְרִים
אַתֶּן יוֹשְׁבוֹת	אַתֶּן אוֹמְרוֹת
הֵם יוֹשְׁבִים	הֵם אוֹמְרִים
הֵן יוֹשְׁבוֹת	הֵן אוֹמְרוֹת

B.

1. fem., the ending, *lamp*
2. fem., an exception, *belly*
3. fem., a pair, *hand*
4. masc., the ending, *day*
5. masc., an exception, *night*
6. fem., because it means *mother*
7. masc., an exception, *house*
8. masc., not present in pairs, *mouth*
9. fem., a pair, *foot*
10. fem., a part of the body present in greater number than a pair, *tooth*
11. fem., an exception, *tongue*
12. masc., not present in a pair, *head*

C.

1. אִישׁ צָעִיר	5. לָשׁוֹן רָעָה
2. מְנוֹרָה יָפָה	6. לַיְלָה טוֹב
3. יָד גְּדוֹלָה	7. בַּיִת לָבָן
4. פֶּה קָטָן	8. רֶגֶל קְטַנָּה

D.

1. אֲנִי גּוֹמֵר, אֲנִי גּוֹמֶרֶת
2. אַתֶּם לוֹמְדִים
3. הֵם עוֹמְדִים
4. הוּא הוֹלֵךְ
5. אַתְּ יוֹשֶׁבֶת
6. הֵן אוֹכְלוֹת
7. אֲנַחְנוּ הוֹלְכִים, אֲנַחְנוּ הוֹלְכוֹת
8. הִיא כּוֹתֶבֶת
9. אַתֶּן סוֹגְרוֹת
10. אַתָּה נוֹתֵן

E.

1. We are eating from the hand to the mouth.
2. The girls are walking to the field.
3. Rachel learns from the book.
4. I am eating with the old man.
5. The little son is eating with the mother and (with) the father.
6. The mother is standing and the father is sitting.

F.

1. אומר האיש, אני המלך.
2. עומד הכלב השחור תחת העץ.
3. לומדים הדודים וכותבות הדודות את־השירים.
4. אתם ילדים טובים, אומר הנביא.
5. שרה אשה טובה. נותנת היא פרחים לילדות

One could also place the noun or pronoun first in all of the above sentences, for emphasis.

Examples

1. הָאִישׁ אוֹמֵר
5. הִיא נוֹתֶנֶת

Lesson Fourteen More About Verbs

B. to remember

זָכַרְתִּי, זָכַרְתָּ, זָכַרְתְּ, זָכַר, זָכְרָה
זָכַרְנוּ, זְכַרְתֶּם, זְכַרְתֶּן, זָכְרוּ
זוֹכֵר, זוֹכֶרֶת, זוֹכְרִים, זוֹכְרוֹת

to shut

סָגַרְתִּי, סָגַרְתָּ, סָגַרְתְּ, סָגַר, סָגְרָה
סָגַרְנוּ, סְגַרְתֶּם, סְגַרְתֶּן, סָגְרוּ
סוֹגֵר, סוֹגֶרֶת, סוֹגְרִים, סוֹגְרוֹת

C.
1. she sat
2. he wrote
3. we learnt
4. I shut
5. they stole
6. you (m.) shut
7. she walked
8. we stood
9. he said
10. you (m. pl.) wrote
11. she learned
12. you (f.) guarded
13. you (f. pl.) sat
14. they learned
15. I finished

D.

.1 יָשַׁבְתִּי
.2 כָּתַבְנוּ
.3 לָמְדוּ
.4 סָגַרְתָּ
.5 זְכַרְתֶּן
.6 הָלְכָה
.7 עָמַדְתְּ
.8 יְדַעְתֶּם
.9 הָלְכוּ
.10 אָמַרְנוּ

E.
1. The dog watched over the house and the boy.
2. I walked to the field without the books.
3. The girl sat under the tree and learned.
4. We ate from the tree.
5. The men wrote words upon the tablet.
6. The man said, “Peace,” and went out from the house.
7. The prophet remembered a blessing from the book.

F.

.1 בלי
.2 אכל
.3 ידע

4. ברכה
5. זכר

G. 1. finger
2. tent
3. ground, earth
4. tablet
5. tongue

Lesson Fifteen Demonstrative Pronouns and Adjectives

A.
1. this book
2. this woman
3. this hand
4. this boy
5. these books
6. This is the house.
7. these horses
8. This is the woman.
9. these books
10. These are the words.

B.
1. The man is good.
2. the good man
3. this man
4. this good man
5. This is the good man.
6. These sons are good.
7. this young boy
8. This is the old prophet.
9. These are the good men.
10. These boys are small.

C.
1. הָאִשָּׁה טוֹבָה
2. הָאִשָּׁה הַטּוֹבָה
3. הָאִשָּׁה הַזֹּאת
4. הָאִשָּׁה הַטּוֹבָה הַזֹּאת
5. זֹאת הָאִשָּׁה הַטּוֹבָה
6. הַבָּנוֹת הָאֵלֶּה טוֹבוֹת
7. הַיַּלְדָּה הַצְּעִירָה הַזֹּאת
8. זֹאת הַנְּבִיאָה הַזְּקֵנָה
9. אֵלֶּה הַנָּשִׁים הַטּוֹבוֹת
10. הַיְלָדוֹת הָאֵלֶּה קְטַנּוֹת

D.
1. הַמֶּלֶךְ הַזֶּה
2. הַמֶּלֶךְ הַגָּדוֹל
3. הַמֶּלֶךְ הַגָּדוֹל הַזֶּה
4. הַמֶּלֶךְ הַזֶּה גָּדוֹל
5. הָלַךְ הַמֶּלֶךְ הַגָּדוֹל הַזֶּה אֶל־הָעִיר
6. הַתּוֹרָה הַזֹּאת
7. הַתּוֹרָה הַקְּדוֹשָׁה הַזֹּאת
8. הַתּוֹרָה הַזֹּאת קְדוֹשָׁה
9. זֹאת הַתּוֹרָה הַקְּדוֹשָׁה
10. הַנָּבִיא הַזֶּה קָרָא מִן־הַתּוֹרָה הַקְּדוֹשָׁה הַזֹּאת

E.
1. אֲנַחְנוּ זָכַרְנוּ
2. אַתָּה זָכַרְתָּ
3. הָלַךְ
4. אָכְלָה
5. הִיא אוֹכֶלֶת
6. שָׁכְחָה
7. אַתֶּן סוֹלְחוֹת
8. שָׁלַחְתִּי
9. יָדְעוּ
10. אַתֶּם שׁוֹמְעִים
11. אֲנַחְנוּ זוֹכְרִים
12. אֲנִי אוֹכֶלֶת
13. אָכַלְתִּי
14. אַתְּ הוֹלֶכֶת
15. אֲנַחְנוּ זוֹכְרִים

16. יָצְאָה
17. הֵן עוֹמְדוֹת
18. הֵם כּוֹתְבִים
19. הָלְכוּ
20. לָקַח

F. 1. We are riding upon this horse.
2. The dog went from the house to the vineyard.
3. These are the cows. They are going out from this field.
4. This woman rode upon this big horse.
5. The woman gave apples to these girls.

Lesson Sixteen   Prepositions

A.

1. without
2. upon
3. after
4. before
5. from
6. opposite
7. to
8. until
9. between
10. with
11. from
12. beside, next to
13. as, like
14. to, for
15. like, as
16. in, with

B.

1. like an apple
2. like the apple
3. for a day
4. for the day
5. from a day
6. in a city
7. in the city
8. from a year
9. for a year
10. like a man
11. like the man
12. from a house
13. for the year
14. for a house
15. in a house
16. in the house
17. for a blessing
18. for the blessing
19. like a lamp
20. like the lamp

C.

1. סוּס, הַסּוּס
2. לַסּוּס
3. לִבְרָכָה
4. כְּסוּס
5. כַּסּוּס הַגָּדוֹל
6. לְאִשָּׁה, לָאִשָּׁה
7. לָאִשָּׁה הַטּוֹבָה הַזֹּאת
8. אָב, הָאָב
9. כָּאָב
10. כְּאָב
11. כָּאָב הַטּוֹב
12. בַּבַּיִת, בַּבַּיִת הַלָּבָן
13. לָאָב הַטּוֹב
14. לְאָב

D.

1. The men walked to these vineyards.
2. This cow went out from the small gate.
3. The horse walked after the black dog.

4. The little son stood before the men like a great king.
5. The son walked with the old man to the gate.
6. You (m. pl.) sat under this tree.
7. The old men walked as far as the great mountain.
8. The horses stood opposite this house.
9. They walked among these trees and remembered good days.
10. This prophet sat on this mountain and read in the book.

E.

1. אל הבית הזה
2. אחרי האשה
3. מן העיר הגדולה הזאת
4. לפני השנה הזאת
5. בין הבגדים הלבנים האלה
6. עד היום הזה
7. בלי מים
8. על הסוס
9. עם המלך
10. תחת העצים

F.

1. He read in this book.
2. God gave a woman to the man.
3. He walked to this beautiful house.
4. I wrote to the king.
5. We walked to this city.
6. You learned in the house like a good boy.
7. She walked in the field beside the river.
8. He walked in the night to the city.
9. They stood in the rain opposite the gate.
10. The daughter went out from the house.

H.

1. The woman walked in the evening among the trees.
2. The man went out with the horse from this city.
3. The men stood in the rain opposite this gate.
4. The old men said to the people, "The Lord has sent a great prophet to this evil city."

Lesson Seventeen Relative Pronouns; Hebrew Particle אֵת

A. 1. The man saw a big horse in the field.
2. The man saw the horse which stood in the garden beside the woman.
3. Moses wrote these words upon the tablet.
4. The prophets wrote this word upon the tablet.
5. The king remembered Joseph and the dream.
6. The man saw Jerusalem a year ago.
7. The boy took. He took the boy. The father took these girls to the city.
8. The woman remembered the song that she had learnt from the book.
9. The girl remembered the woman who had taken the beautiful garments to the house.
10. The boys ate the apples and the bread.

B.
1. קרא ספר. קרא את הספר.
2. ראה האיש. ראה את האיש.
3. מי זכר? את מי זכר? את מי זכר הנביא?
4. לקחתי ספר מן האיש. לקחנו את הספר מן האשה.
5. אכל את התפוחים. ראה תפוחים על העץ בגן הזה.
6. לקח את הלחם מן האדמה.
7. היה בארץ הזאת לפני שנה.
8. ראה האיש את ההר מן השדה הזה.
9. ראה את האיש על ההר הזה.
10. בנה העם את הארץ היפה הזאת.

Do not add אֶת־ after the prepositions עַל, מִן etc. Use אֶת־ after a direct object of the verb, not the preposition.

C. 1. God created the man from the earth.
2. She ate from the tree which was in the garden.
3. The man saw the light.

4. The flood was upon the earth.

5. God gave the woman to the man.

6. God remembered Noah who was in the ark.

7. The man said to the woman, "I heard a voice in the garden."

8. From the mountain Moses saw the land which God had given to the people.

9. The mother took the apples from the tree and she gave (them) to the man who stood by the gate.

10. God created a woman from the rib which he had taken from the man.

D.

1. הָאִישׁ אשר הלך אל העיר זכר את הבית ואת השם.

2. האשה אשר כתבה את הספר קראה את השירים לפני העם.

3. קראנו את התפלה היפה אשר כתבת.

4. זכר הילד את החלום אשר ראה בלילה.

5. מי האיש אשר הלך אל העיר הגדולה עם המלך ?

E.

אֲנִי רוֹכֵב, אַתָּה רוֹכֵב, אַתְּ רוֹכֶבֶת, הוּא רוֹכֵב, הִיא רוֹכֶבֶת

אֲנַחְנוּ רוֹכְבִים, אַתֶּם רוֹכְבִים, אַתֶּן רוֹכְבוֹת, הֵם רוֹכְבִים,

הֵן רוֹכְבוֹת

רָכַבְתִּי, רָכַבְתָּ, רָכַבְתְּ, רָכַב, רָכְבָה

רָכַבְנוּ, רְכַבְתֶּם, רְכַבְתֶּן, רָכְבוּ, רָכְבוּ

F.

6. אֲנַחְנוּ יוֹשְׁבִים	1. זָכַרְתִּי
7. אָכְלוּ	2. יָשַׁבְנוּ
8. כְּתַבְתֶּן	3. עָמַד
9. גָּמַרְתָּ	4. אָמְרוּ
10. יָדְעָה	5. הָלַכְתְּ

G. 1. In the beginning God created the heaven and the earth.

2. God created the man from the earth.

3. After these words Moses went to the mountain with the tablets.

4. The woman took the apple from the tree and gave [it] to the man.

5. The man ate the apple with the woman under the tree which was in the garden.

Lesson Eighteen Review of Lessons 12–17

A.

1. ישב, יצא
2. קום, בוא
3. נפל
4. ראה, קנה
5. בוא
6. יצא

B.

אֲנִי זוֹכֵר, אַתָּה זוֹכֵר, אַתְּ זוֹכֶרֶת, הוּא זוֹכֵר, הִיא זוֹכֶרֶת
אֲנַחְנוּ זוֹכְרִים, אַתֶּם זוֹכְרִים, אַתֶּן זוֹכְרוֹת, הֵם זוֹכְרִים, הֵן זוֹכְרוֹת

C.

אֲנִי זָכַרְתִּי, אַתָּה זָכַרְתָּ, אַתְּ זָכַרְתְּ, הוּא זָכַר
אֲנַחְנוּ זָכַרְנוּ, אַתֶּם זְכַרְתֶּם, אַתֶּן זְכַרְתֶּן, הֵם זָכְרוּ, הֵן זָכְרוּ

F.

1. הנער אשר הלך אל השדה על הסוס.
2. השיר יפה.
3. אלה הדברים אשר בספר הזה.
4. מי האיש אשר שלחת אל העיר?
5. את־מי לקחת אל העיר?

Lesson Nineteen Review Test

1. a. א, ע
1. b. מ, צ, נ, פ
1. c. ר, א, ע
1. d. בּ, פּ, גּ
2. a. T
   b. F
   c. T
   d. T
   e. F The original Hebrew text of the Bible had no vowels at all. (See Lesson Five, Note 8.)
3. b, c, e and g.
4. a. ָ, וּ, וֹ
   b. ֱ, ֶ, ַ, ִ
   c. ְ
5.
   הָעֶרֶב — הָרֹאשׁ
   הַבַּיִת — הַלַּיְלָה
   הָאִישׁ — הַכֶּלֶב
6. a. f.
   b. f.
   c. f.
   d. m.
   e. f.
   f. m.
   g. m.
   h. f.
   i. m.
   j. f.
7. a. יַלְדָּה טוֹבָה
   b. הַדּוֹדָה הַזְּקֵנָה
   c. הַסּוּסָה אוֹכֶלֶת
   d. אַתְּ נְבִיאָה
   e. אִשָּׁה גְּדוֹלָה
8. a. שִׁירִים
   b. סְפָרִים
   c. מְלָכִים
   d. פְּרָחִים

e. נְחָלִים
f. אֲרָצוֹת
g. מִשְׁפָּחוֹת
h. אָבוֹת
i. אֲדָמוֹת
j. מַלְאָכִים
k. בָּנוֹת
l. תַּפּוּחִים
m. אֲנָשִׁים
n. נָשִׁים

9. a. you (m. s.) wrote
   b. you (f. pl.) wrote
   c. she wrote
   d. we wrote
   e. they wrote

10. a. The man said to the woman, "The light is good."
   b. God created the man from the earth.
   c. The flood was upon the earth.
   d. God created a woman from the rib which he had taken from the man.

11. a. אָכַלְתִּי לֶחֶם.
   b. אָכַלְנוּ לֶחֶם.
   c. עָמַד הַיֶּלֶד הַקָּטָן אֵצֶל הָעֵץ.
   d. עָמַד הַסּוּס לִפְנֵי הַבַּיִת הַגָּדוֹל.
   e. הוֹלֶכֶת הָאִשָּׁה הַזֹּאת אֶל־הַבַּיִת אֲשֶׁר בַּשָּׂדֶה.
   f. רָאָה אֶת־הָאִישׁ אֲשֶׁר קָרָא אֶת־הַדְּבָרִים הָאֵלֶּה
   g. רָאָה הָאִישׁ הַזֶּה אֶת־הַסּוּס הַיָּפֶה אֲשֶׁר עָמַד תַּחַת הָעֵץ.
   h. יָשְׁבָה בֵּין הַמֶּלֶךְ וּבֵין הַבֵּן הַקָּטָן.
   i. זָכְרוּ אֶת־הַסֵּפֶר אֲשֶׁר קָרָא הַנָּבִיא.
   j. בְּרֵאשִׁית בָּרָא אֱלֹהִים אֵת הַשָּׁמַיִם וְאֵת הָאָרֶץ.

12. a. he knew
   b. he took
   c. he ate
   d. he engendered
   e. he created
   f. he sat
   g. he remembered
   h. he built
   i. he walked
   j. he spoke
   k. he said
   l. he was

13. 1. אֲשֶׁר
   2. בְּלִי
   3. תַּפּוּחַ
   4. חֲלוֹם
   5. רֹאשׁ
   6. אֶצְבַּע
   7. שַׁעַר
   8. נָהָר
   9. עִיר
   10. תּוֹרָה

14.

1. מי האשה הזאת אשר יושבת אצל הדלת?
2. את־מי שלחת אל הבית?
3. מי האשה אשר אכלה את הלחם?
4. מי האיש אשר אכל את התפוחים?

15.

1. לִפְנֵי הַשַּׁעַר
2. אַחֲרֵי הַנָּבִיא
3. אֵצֶל הָעִיר
4. בֵּין הָעֵצִים
5. מוּל הַבַּיִת
6. אֶל־הַשָּׂדֶה
7. עַל־הָאָרֶץ
8. מֵהַגַּן
9. תַּחַת הָעֵצִים
10. בְּלִי הַסְּפָרִים
11. עַד הָעֶרֶב
12. כָּאָב

Lesson Twenty   Verbs with Guttural Root-Letters; More About Gender

A.   יוֹדֵעַ, יוֹדַעַת, יוֹדְעִים, יוֹדְעוֹת

                                                שׁוֹלֵחַ, שׁוֹלַחַת, שׁוֹלְחִים, שׁוֹלְחוֹת

                                                סוֹגֵר, סוֹגֶרֶת, סוֹגְרִים, סוֹגְרוֹת

                                                שׁוֹמֵעַ, שׁוֹמַעַת, שׁוֹמְעִים, שׁוֹמְעוֹת

B.   אֲנִי לוֹקֵחַ, אַתָּה לוֹקֵחַ, אַתְּ לוֹקַחַת, הוּא לוֹקֵחַ, הִיא לוֹקַחַת

          אֲנַחְנוּ לוֹקְחִים, אַתֶּם לוֹקְחִים, אַתֶּן לוֹקְחוֹת, הֵם לוֹקְחִים, הֵן לוֹקְחוֹת

C.
1. Jerusalem - f.	6. door - f.	11. Sinai - m.
2. ear - f.	7. city - f.	12. province - f.
3. mouth - m.	8. Canaan - f.	13. eye - f.
4. Assyria - f.	9. night - m.	14. head - m.
5. earth - f.	10. Jordan - m.	15. Egypt - f.

D. 1. the great day which the Lord made

     2. This is the man who took the book from the house.

     3. The king walked from this city to the field.

     4. God said to the man whom He had created from the earth: "The light is good."

     5. This woman took an apple from this tree.

     6. These are the words which the king spoke to the people.

     7. The king sent Moses and Aaron to Egypt.

     8. The people read the prayer which the prophet had written.

     9. After these things Moses stood on a big mountain. From this mountain Moses saw the land which the Lord had given to Israel.

   10. Moses said "I know that this land is a great and good land."

Lesson Twenty-One Sentences in the Negative; Declension of Nouns in the Singular

A.

1. אֵין הָאִישׁ בַּבַּיִת.
2. לֹא כָּתַבְנוּ אֶת־הַסֵּפֶר.
3. אֵין הֵם כּוֹתְבִים.
4. לֹא זָכַרְתִּי אֶת־הַדָּבָר הַזֶּה.
5. אֵין הוּא לוֹמֵד מִן־הַסֵּפֶר.
6. הָאִישׁ לֹא הָלַךְ אֶל־הָעִיר הַזֹּאת.
7. אֵין הוּא כּוֹתֵב.
8. לֹא שָׁמַרְתָּ עַל הַבַּיִת וְעַל הַכֶּרֶם.
9. לֹא יְשַׁתֶּם תַּחַת הָעֵץ.
10. אֵין אֲנִי סוֹגֵר אֶת־הַדֶּלֶת.

B.

1. אֲנִי אוֹכֵל.
2. יָשַׁבְתָּ.
3. אֲנַחְנוּ זָכַרְנוּ.
4. אַתֶּם כְּתַבְתֶּם.
5. הָאִישׁ אוֹמֵר.
6. רָחֵל לוֹמֶדֶת.
7. הוּא נָתַן
8. הַתַּפּוּחַ עַל הָעֵץ.
9. אַתְּ עָמַדְתְּ
10. הֵם סָגְרוּ אֶת־הַדֶּלֶת.

C.

1. אֵין אֲנִי אוֹכֵל.
2. לֹא יָשַׁבְתָּ.
3. אֲנַחְנוּ לֹא זָכַרְנוּ.
4. אַתֶּם לֹא כְּתַבְתֶּם.
5. אֵין הָאִישׁ אוֹמֵר.
6. אֵין רָחֵל לוֹמֶדֶת.
7. הוּא לֹא נָתַן
8. אֵין הַתַּפּוּחַ עַל־הָעֵץ.
9. אַתְּ לֹא עָמַדְתְּ.
10. הֵם לֹא סָגְרוּ אֶת־הַדֶּלֶת.

D.

1. סוּסִי סוּסְךָ סוּסֵךְ סוּסוֹ סוּסָהּ
סוּסֵנוּ סוּסְכֶם סוּסְכֶן סוּסָם סוּסָן
2. קוֹלִי קוֹלְךָ קוֹלֵךְ קוֹלוֹ קוֹלָהּ
קוֹלֵנוּ קוֹלְכֶם קוֹלְכֶן קוֹלָם קוֹלָן

3. עִירִי עִירְךָ עִירֵךְ עִירוֹ עִירָהּ
עִירֵנוּ עִירְכֶם עִירְכֶן עִירָם עִירָן

E.
1. our song
2. your (m. pl.) uncle
3. my hand
4. her voice
5. your (m. s.) head
6. his light
7. your (m. s.) hand
8. your (f. s.) voice
9. their (f.) song
10. my city
11. your (f. pl.) horse
12. your (m. pl.) city
13. her uncle
14. your (m. s.) city
15. our hand

F.
1. שִׁירִי
2. עִירְךָ
3. רֹאשֵׁךְ
4. קוֹלוֹ
5. יָדָהּ
6. סוּסֵנוּ
7. אוֹרְכֶם
8. אוֹרְכֶן
9. רֹאשָׁם
10. רֹאשָׁן
11. יָדִי
12. שִׁירֵנוּ

G. בראשית ברא אלהים את השמים ואת הארץ.

H.
1. After these things, the prophet read before the people the words which he had heard on the mountain.
2. Why is this people calling to the trees and to the stones in the field?
3. Who created the heavens and the earth?
4. Who made [the] good and [the] evil?
5. There are no other gods—neither in the heavens nor in the earth.
6. Where are the men who gave water and bread to the people?
7. Why did we not obey their voice?

I.
1. Why is the man writing the book and why did he take the pen from the prophet?
2. Where has the lad come [from] and to whom did he give the book?
3. How many kings are in this house and where are they going?
4. When did the man go? The man went when he saw the king.
5. How did the prophet ascend the mountain and who gave the commandments to the prophet?

J.
1. מִי לָקַח אֶת־הַסְּפָרִים מִן־הַבַּיִת וּלְמִי נָתַן הָאִישׁ אֶת־הַסּוּסִים?
2. עַד אָן (or עַד מָתַי) אֵין אַתָּה שׁוֹמֵעַ בְּקוֹל הַמִּצְוָה?
3. אָנָה הָלַךְ הַנָּבִיא וְכַמָּה דְּבָרִים דִּבֵּר אֶל־הָעָם?

4. מָה עָשָׂה הַמֶּלֶךְ לַנָּבִיא וְלָמָּה דִּבֵּר אֶת־הַדְּבָרִים הָאֵלֶּה?
5. מָתַי הָלַכְתָּ אֶל־הָעִיר הַזֹּאת וְאֵיךְ עָבַרְתָּ אֶת־הַיָּם הַגָּדוֹל הַזֶּה?
6. כַּאֲשֶׁר רָאָה הָאִישׁ אֶת־הַנָּבִיא מָה אָמַר?

Lesson Twenty-Two More About Dual Number

A.

1. יָדַיִם
2. מְנוֹרוֹת
3. סְפָרִים
4. רַגְלַיִם
5. נְעָרִים
6. אָזְנַיִם
7. קַרְנַיִם
8. עֵינַיִם
9. אֲנָשִׁים
10. שְׂפָתַיִם
11. שִׁנַּיִם
12. נַעֲלַיִם

B.

יָד גְּדוֹלָה	a big hand	יָדַיִם גְּדוֹלוֹת
מְנוֹרָה יָפָה	a beautiful candlestick	מְנוֹרוֹת יָפוֹת
סֵפֶר טוֹב	a good book	סְפָרִים טוֹבִים
רֶגֶל גְּדוֹלָה	a big foot	רַגְלַיִם גְּדוֹלוֹת
נַעַר צָעִיר	a young lad	נְעָרִים צְעִירִים
אֹזֶן קְטַנָּה	a small ear	אָזְנַיִם קְטַנּוֹת
קֶרֶן לְבָנָה	a white horn	קַרְנַיִם לְבָנוֹת
עַיִן טוֹבָה	a good eye	עֵינַיִם טוֹבוֹת
אִישׁ רַע	a bad man	אֲנָשִׁים רָעִים
שָׂפָה גְּדוֹלָה	a big lip	שְׂפָתַיִם גְּדוֹלוֹת
שֵׁן לְבָנָה	a white tooth	שִׁנַּיִם לְבָנוֹת
נַעַל שְׁחוֹרָה	a black shoe	נַעֲלַיִם שְׁחוֹרוֹת

C.

1. שָׂפָה קְטַנָּה
2. הָאֹזֶן הַטּוֹבָה
3. הַשֵּׁן הַלְּבָנָה הַזֹּאת
4. הַנַּעַל הַטּוֹבָה הַזֹּאת
5. הַקֶּרֶן הַקְּצָרָה
6. כָּנָף קְצָרָה
7. הָרֶגֶל הַקְּטַנָּה הַזֹּאת
8. הָעַיִן הַזֹּאת
9. הַכָּנָף הַיָּפָה
10. קֶרֶן גְּדוֹלָה

D.

1. שְׂפָתַיִם קְטַנּוֹת
2. הָאָזְנַיִם הַטּוֹבוֹת
3. הַשִּׁנַּיִם הַלְּבָנוֹת הָאֵלֶּה
4. הַנַּעֲלַיִם הַטּוֹבוֹת הָאֵלֶּה
5. הַקַּרְנַיִם הַקְּצָרוֹת
6. כְּנָפַיִם קְצָרוֹת
7. הָרַגְלַיִם הַקְּטַנּוֹת הָאֵלֶּה
8. הָעֵינַיִם הָאֵלֶּה
9. הַכְּנָפַיִם הַיָּפוֹת
10. קַרְנַיִם גְּדוֹלוֹת

E. 1. The man walked to the city in the night.

2. The old man went out from the city in the evening.

3. God put [lit. gave] light in the heaven and in the earth.

4. The prophet read these words from the book which was in his hand.

5. In the day [is] light, during the night [is] darkness.

F.

1. הָלַךְ הָאִישׁ אֶל־הָעִיר.

2. הָלַךְ הָאִישׁ אֶל־הָעִיר בַּלַּיְלָה.

3. נָתַן אֱלֹהִים אוֹר בַּשָּׁמַיִם.

4. קָרָא הַנָּבִיא אֶת־הַדְּבָרִים מִן־הַסֵּפֶר אֲשֶׁר בְּיָדוֹ.

5. בַּיּוֹם אוֹר, בַּלַּיְלָה חֹשֶׁךְ.

Common Errors:

Note that all double members of the body, such as קֶרֶן, כָּנָף and אֹזֶן are feminine. Hence in C.5 we find הַקֶּרֶן הַקְּצָרָה. Also נַעַל is feminine but שַׁד *breast* is masculine.

Lesson Twenty-Three Imperfect Tense

A.

אֶשְׁלַח תִּשְׁלַח תִּשְׁלְחִי יִשְׁלַח תִּשְׁלַח
נִשְׁלַח תִּשְׁלְחוּ תִּשְׁלַחְנָה יִשְׁלְחוּ תִּשְׁלַחְנָה
אֶשְׁמַע תִּשְׁמַע תִּשְׁמְעִי יִשְׁמַע תִּשְׁמַע
נִשְׁמַע תִּשְׁמְעוּ תִּשְׁמַעְנָה יִשְׁמְעוּ תִּשְׁמַעְנָה
אֶצְחַק תִּצְחַק תִּצְחֲקִי יִצְחַק תִּצְחַק
נִצְחַק תִּצְחֲקוּ תִּצְחַקְנָה יִצְחֲקוּ תִּצְחַקְנָה
אֶשְׁכַּח תִּשְׁכַּח תִּשְׁכְּחִי יִשְׁכַּח תִּשְׁכַּח
נִשְׁכַּח תִּשְׁכְּחוּ תִּשְׁכַּחְנָה יִשְׁכְּחוּ תִּשְׁכַּחְנָה

B.

Perfect

we finished	גָּמַרְנוּ	I finished	גָּמַרְתִּי
you (m. pl.) finished	גְּמַרְתֶּם	you (m. s.) finished	גָּמַרְתָּ
you (f. pl.) finished	גְּמַרְתֶּן	you (f. s.) finished	גָּמַרְתְּ
they (m.) finished	גָּמְרוּ	he finished	גָּמַר
they (f.) finished	גָּמְרוּ	she finished	גָּמְרָה

Present

we (m.) are finishing	אֲנַחְנוּ גּוֹמְרִים	I (m.) am finishing	אֲנִי גּוֹמֵר
we (f.) are finishing	אֲנַחְנוּ גּוֹמְרוֹת	I (f.) am finishing	אֲנִי גּוֹמֶרֶת
you (m. pl.) are finishing	אַתֶּם גּוֹמְרִים	you (m. s.) are finishing	אַתָּה גּוֹמֵר
you (f. pl) are finishing	אַתֶּן גּוֹמְרוֹת	you (f. s.) are finishing	אַתְּ גּוֹמֶרֶת
they (m.) are finishing	הֵם גּוֹמְרִים	he is finishing	הוּא גּוֹמֵר
they (f.) are finishing	הֵן גּוֹמְרוֹת	she is finishing	הִיא גּוֹמֶרֶת

Imperfect

we will finish	נִגְמֹר	I will finish	אֶגְמֹר
you (m. pl.) will finish	תִּגְמְרוּ	you (m. s.) will finish	תִּגְמֹר
you (f. pl.) will finish	תִּגְמֹרְנָה	you (f. s.) will finish	תִּגְמְרִי

יִגְמֹר	he will finish	יִגְמְרוּ	they (m.) will finish
תִּגְמֹר	she will finish	תִּגְמֹרְנָה	they (f.) will finish

C. 1. I will break
2. you (m. pl.) will sell
3. you (f. s.) will finish
4. you (m. s.)/she will write
5. he will reign
6. you (f. pl.)/they (f.) will write
7. you (m. s.)/she will remember
8. you (f. s.) will break
9. you (m. pl.) will break
10. we will sell
11. he will steal
12. they (m.) will shut
13. you (m.s.)/she will reign
14. you (f. pl.)/they (f.) will finish
15. I will sell

D. 1. I will choose
2. he will cry out
3. you (f. pl.)/they (f.) will forgive
4. they (m.) will hear
5. you (m. s.)/she will cry out
6. you (f. pl.)/they (f.) will ask
7. he will send
8. you (f. s.) will forget
9. he will laugh
10. you (f. s.) will send
11. we will forget
12. you (m. s.)/she will hear
13. you (f. s.) will forgive
14. I will ask
15. you (m. pl.) will hear

E. 1. we will break
2. they listened
3. they (m.) are finishing
4. you (m. pl.) wrote
5. I will listen
6. he will forget
7. we broke
8. he will sell
9. she finished
10. she is closing
11. I learnt
12. you (f. pl.) listened
13. you (m. s.) forgave
14. they (m.) will write
15. he sold

F.
1. יִשְׁלַח הַנָּבִיא אֶת־הָעָם אֶל־הָעִיר.
2. אֶסְגֹּר אֶת־הַדֶּלֶת.
3. תִּכְתֹּב סֵפֶר.
4. הֵם לֹא יִשְׁכְּחוּ אֶת־הַדְּבָרִים אֲשֶׁר אֶכְתֹּב עַל־הַלּוּחַ הַזֶּה.
5. אַתְּ תִּזְכְּרִי אֶת־הַדְּבָרִים הָאֵלֶּה.
6. תִּשְׁמְעוּ אֶת־הַתּוֹרָה הַזֹּאת וְתִזְכְּרוּ אֶת־הַמִּצְוֹת הַגְּדוֹלוֹת הָאֵלֶּה.

A. 1. to eat
    2. to learn
    3. to sit, dwell
    4. to say
    5. to write
    6. father
    7. man
    8. brother
    9. man, Adam
   10. house
   11. to give
   12. to finish
   13. to walk, go
   14. to shut
   15. to stand
   16. book
   17. eye
   18. ear
   19. hand
   20. foot
   21. mouth
   22. tongue
   23. head
   24. nose
   25. back
   26. to come

   27. to speak
   28. to be
   29. you (m. s.)
   30. you (f. s.)
   31. we
   32. they (m.)
   33. I
   34. he
   35. youth, lad
   36. river
   37. flower
   38. gate
   39. stone
   40. dog
   41. rain
   42. garment
   43. cow
   44. animal
   45. king
   46. name
   47. white
   48. song
   49. horse
   50. boy
   51. son
   52. sea

   53. darkness
   54. tent
   55. great, big
   56. old
   57. nice, beautiful
   58. bad
   59. candlestick
   60. good
   61. aunt
   62. blessing
   63. there is, there are
   64. young
   65. small
   66. tree
   67. black
   68. family
   69. year
   70. girl
   71. to
   72. on, over
   73. without
   74. field
   75. one (m.)
   76. night
   77. evening
   78. day

46

79. voice
80. under
81. from
82. door
83. people
84. woman
85. mother
86. to command
87. who, which
88. flood
89. ground
90. no, not
91. apple
92. heaven
93. dream
94. to create
95. to build
96. to take
97. to see
98. to remember
99. these
100. to forget

B.
1. אֵם
2. אַתְּ
3. לַיְלָה
4. בֹּקֶר
5. זָקֵן
6. גָּדוֹל
7. שָׁחוֹר
8. בְּלִי
9. עַל
10. הֵם
11. הָלְכָה
12. אַתֶּן
13. זאת
14. שָׁכַח
15. חֹשֶׁךְ
16. יַלְדָּה
17. מִן
18. אַיִן
19. אִשָּׁה
20. נָתַן

C.
1. city
2. voice
3. eye
4. to go up
5. to give
6. to hear
7. to love
8. two (m.)
9. heart
10. way
11. to send
12. to read/call
13. to return
14. seven (m.)
15. people
16. to know
17. to rise
18. to go out
19. to do/make
20. to cross over, pass

D. Crossword Puzzle

כ	ל	מ	ב	■	■	י
■	מ	י	ר	ה	ב	ו
מ	ה	■	א	■	ק	מ
נ	■	ה	ש	א	ו	■
נ	ג	■	י	ע	ל	צ
ח	■	י	ת	מ	■	ו
ל	ו	מ	■	ד	י	ה

Lesson Twenty-Five Review Exercises for Lessons 1–24

A. segholates: סֵפֶר, שָׂדֶה, נַחַל, עֶרֶב
feminine by form: שָׂפָה, בְּרָכָה, דֶּלֶת, מִצְוָה
feminine by meaning: צֵלָע, עַיִן, יָד, יְרוּשָׁלַיִם

B.

1. הָאִישׁ	6. הָרֹאשׁ
2. הָעֶרֶב	7. הָעַיִן
3. הַסֵּפֶר	8. הַקּוֹל
4. הַבֵּן	9. הָרֶגֶל
5. הָעִיר	10. הַשֵּׁם

C.

a night	לַיְלָה	in a night	בְּלַיְלָה
the night	הַלַּיְלָה	in the night	בַּלַּיְלָה
to a night	לְלַיְלָה	like a night	כְּלַיְלָה
to the night	לַלַּיְלָה	like the night	כַּלַּיְלָה
a book	סֵפֶר	in a book	בְּסֵפֶר
the book	הַסֵּפֶר	in the book	בַּסֵּפֶר
to a book	לְסֵפֶר	like a book	כְּסֵפֶר
to the book	לַסֵּפֶר	like the book	כַּסֵּפֶר
an evening	עֶרֶב	in an evening	בְּעֶרֶב
the evening	הָעֶרֶב	in the evening	בָּעֶרֶב
to an evening	לְעֶרֶב	like an evening	כְּעֶרֶב
to the evening	לָעֶרֶב	like the evening	כָּעֶרֶב
a city	עִיר	in a city	בְּעִיר
the city	הָעִיר	in the city	בָּעִיר
to a city	לְעִיר	like a city	כְּעִיר
to the city	לָעִיר	like the city	כָּעִיר
water	מַיִם	in water	בְּמַיִם
the water	הַמַּיִם	in the water	בַּמַּיִם

to water	לְמַיִם	like water	כְּמַיִם
to the water	לַמַּיִם	like the water	כַּמַּיִם

D. 1. The man is laughing with a great voice.
2. The man gave the book to the boy.
3. God created woman from the rib which he had taken from the man.
4. Rachel will hear the law [Torah].
5. The lads went to the city in the evening.
6. The woman gave the flowers to the small boy.
7. In the beginning God created the heavens and the earth.
8. Joseph took water from the river to the [his] mouth.

E.
1. האיש צחק בקול גדול.
2. נתן האיש את הספר לילד.
3. ברא אלהים את האשה.
4. תשמע רחל את התורה.
5. הלכו הנערים אל העיר בערב.
6. נתנה האשה את הפרחים לילד.
7. ברא אלהים את השמים ואת הארץ.
8. לקח יוסף את המים מן הנחל.

F.

1. יָמִים	6. מְלָכִים	11. בְּרָכוֹת
2. עֵינַיִם	7. מִצְווֹת	12. כְּרָמִים
3. דּוֹדוֹת	8. לֵילוֹת	13. יָדַיִם
4. דּוֹדִים	9. סְפָרִים	14. עַמִּים
5. רַגְלַיִם	10. שְׂפָתַיִם	15. אֲנָשִׁים

G.

1. Jordan	6. Sinai
2. Egypt	7. Persia
3. Jerusalem	8. Carmel
4. Israel	9. Assyria
5. Bethlehem	10. Canaan

H.

אוֹרִי	אוֹרֵנוּ	חֲלוֹמִי	חֲלוֹמֵנוּ
אוֹרְךָ	אוֹרְכֶם	חֲלוֹמְךָ	חֲלוֹמְכֶם
אוֹרֵךְ	אוֹרְכֶן	חֲלוֹמֵךְ	חֲלוֹמְכֶן
אוֹרוֹ	אוֹרָם	חֲלוֹמוֹ	חֲלוֹמָם
אוֹרָהּ	אוֹרָן	חֲלוֹמָהּ	חֲלוֹמָן

I.

1. שִׁירֵנוּ
2. עִירְכֶם
3. חֲלוֹמָהּ
4. קוֹלְכֶם
5. סוּסְךָ
6. אוֹרִי
7. יָדָן
8. יָדָם
9. עִירֵךְ
10. רֹאשׁוֹ
11. שִׁירִי
12. רֹאשְׁכֶם
13. חֲלוֹמֵנוּ
14. חֲלוֹמָם
15. חֲלוֹמְךָ
16. סוּסָהּ
17. קוֹלֵנוּ
18. יָדֵךְ
19. אָבִי
20. עֵצָן

J.

זָכַרְתִּי אֶת־שִׁירִי
זָכַרְתָּ אֶת־שִׁירְךָ
זָכַרְתְּ אֶת־שִׁירֵךְ
זָכַר אֶת־שִׁירוֹ
זָכְרָה אֶת־שִׁירָהּ
זָכַרְנוּ אֶת־שִׁירֵנוּ
זְכַרְתֶּם אֶת־שִׁירְכֶם
זְכַרְתֶּן אֶת־שִׁירְכֶן
זָכְרוּ אֶת־שִׁירָם
זָכְרוּ אֶת־שִׁירָן

K.

מָכַרְתִּי מָכַרְתָּ מָכַרְתְּ מָכַר מָכְרָה
מָכַרְנוּ מְכַרְתֶּם מְכַרְתֶּן מָכְרוּ מָכְרוּ
אֲנִי, אַתָּה, הוּא — מוֹכֵר
אֲנִי, אַתְּ, הִיא — מוֹכֶרֶת
אֲנַחְנוּ, אַתֶּם, הֵם — מוֹכְרִים
אֲנַחְנוּ, אַתֶּן, הֵן — מוֹכְרוֹת
אֶמְכֹּר תִּמְכֹּר תִּמְכְּרִי יִמְכֹּר תִּמְכֹּר
נִמְכֹּר תִּמְכְּרוּ תִּמְכֹּרְנָה יִמְכְּרוּ תִּמְכֹּרְנָה

L.

1. they are calling/reading
2. she found
3. they gave
4. you (m. pl.) sent
5. she knows
6. you (f. s.) will forgive
7. we will remember
8. you (m. s.) took
9. you (m. s.)/she will write
10. he will reign
11. you (f. s.) stood
12. I will hear
13. you (f. pl.)/they (f. pl.) will forget
14. you (f. s.) are learning
15. I sat

M.

1. עֵינַיִם שְׁחוֹרוֹת
2. רֶגֶל קְטַנָּה
3. מִצְוָה טוֹבָה
4. סוּסוֹת לְבָנוֹת
5. יְרוּשָׁלַיִם גְּדוֹלָה
6. פָּנִים קְטַנּוֹת
7. פָּרַס גְּדוֹלָה
8. מַיִם טוֹבִים
9. סְפָרִים קְטַנִּים
10. חַיִּים טוֹבִים

N. For answers see Lesson 24, pp. 134–135.

Lesson Twenty-Six Declension of Masculine Nouns in the Plural

A.

עֵצַי עֵצֶיךָ עֵצַיִךְ עֵצָיו עֵצֶיהָ

עֵצֵינוּ עֲצֵיכֶם עֲצֵיכֶן עֲצֵיהֶם עֲצֵיהֶן

דוֹדַי דוֹדֶיךָ דוֹדַיִךְ דוֹדָיו דוֹדֶיהָ

דוֹדֵינוּ דוֹדֵיכֶם דוֹדֵיכֶן דוֹדֵיהֶם דוֹדֵיהֶן

סוּסַי סוּסֶיךָ סוּסַיִךְ סוּסָיו סוּסֶיהָ

סוּסֵינוּ סוּסֵיכֶם סוּסֵיכֶן סוּסֵיהֶם סוּסֵיהֶן

B.

שִׁירִי שִׁירֵנוּ	שִׁירַי שִׁירֵינוּ
שִׁירְךָ שִׁירְכֶם	שִׁירֶיךָ שִׁירֵיכֶם
שִׁירֵךְ שִׁירְכֶן	שִׁירַיִךְ שִׁירֵיכֶן
שִׁירוֹ שִׁירָם	שִׁירָיו שִׁירֵיהֶם
שִׁירָהּ שִׁירָן	שִׁירֶיהָ שִׁירֵיהֶן

C.
1. our horses
2. his hands
3. your (m. s.) uncle
4. their (f.) horses
5. your (f. s.) songs
6. your (m. pl.) songs
7. your (m. s.) uncles
8. our hands
9. my songs
10. his horses
11. my hands
12. your (f. s.) horses
13. their (f.) uncles
14. her horses
15. your (f. pl.) horses

D.
1. our light
2. your (m. pl.) city
3. your (m. pl.) horses
4. her horse
5. her horses
6. my uncles
7. your (m. pl.) head
8. your (f. s.) songs
9. their (m.) songs
10. their (m.) song
11. his voice
12. his songs

13. her head
14. our city
15. our horses

E. 1. their (m.) house
2. our house
3. his city
4. his words
5. their (m.) dog
6. your (f. s.) sons
7. her sons
8. our books
9. our book
10. your (m. pl.) eyes
11. your (m. pl.) name
12. your (m. s.) cities
13. her books
14. your (m. pl.) child
15. your (m. pl.) children

F. 1. סוּסִי
2. סוּסֵיהֶם
3. עִירְךָ
4. עִירְכֶם
5. יָדֶיךָ
6. יָרַךְ
7. רֹאשֵׁנוּ
8. שִׁירֶיהָ
9. סוּסָיו
10. קוֹלוֹ
11. יָדָהּ
12. שִׁירַי
13. קוֹלָם
14. סוּסֵינוּ
15. דּוֹדֵנוּ

G. 1. שערנו
2. שערינו
3. עינך
4. עיניך
5. ביתך
6. כלבו
7. כלביו
8. ספריך
9. עיני
10. עיני
11. ספריה
12. ספרה
13. עיניו
14. ביתם
15. כלביהן

Lesson Twenty-Seven The Imperative; Prepositions; Declension of Feminine Nouns

A.

אֶגְמֹר תִּגְמֹר תִּגְמְרִי יִגְמֹר תִּגְמֹר
נִגְמֹר תִּגְמְרוּ תִּגְמֹרְנָה יִגְמְרוּ תִּגְמֹרְנָה
אֶשְׁלַח תִּשְׁלַח תִּשְׁלְחִי יִשְׁלַח תִּשְׁלַח
נִשְׁלַח תִּשְׁלְחוּ תִּשְׁלַחְנָה יִשְׁלְחוּ תִּשְׁלַחְנָה

B.

גְּמֹר גִּמְרִי גִּמְרוּ גְּמֹרְנָה
זְכֹר זִכְרִי זַכְרוּ זְכֹרְנָה
שְׁלַח שִׁלְחִי שִׁלְחוּ שְׁלַחְנָה
שְׁמַע שִׁמְעִי שִׁמְעוּ שְׁמַעְנָה

C.

Perfect
סָגַרְתִּי סָגַרְתָּ סָגַרְתְּ סָגַר סָגְרָה
סָגַרְנוּ סְגַרְתֶּם סְגַרְתֶּן סָגְרוּ סָגְרוּ

Imperfect
אֶסְגֹּר תִּסְגֹּר תִּסְגְּרִי יִסְגֹּר תִּסְגֹּר
נִסְגֹּר תִּסְגְּרוּ תִּסְגֹּרְנָה יִסְגְּרוּ תִּסְגֹּרְנָה

Present
אֲנִי, אַתָּה, הוּא — סוֹגֵר
אֲנִי, אַתְּ, הִיא — סוֹגֶרֶת
אֲנַחְנוּ, אַתֶּם, הֵם — סוֹגְרִים
אֲנַחְנוּ, אַתֶּן, הֵן — סוֹגְרוֹת

Imperative
סְגֹר סִגְרִי סִגְרוּ סְגֹרְנָה

Perfect
סָלַחְתִּי סָלַחְתָּ סָלַחְתְּ סָלַח סָלְחָה
סָלַחְנוּ סְלַחְתֶּם סְלַחְתֶּן סָלְחוּ סָלְחוּ

Imperfect
אֶסְלַח תִּסְלַח תִּסְלְחִי יִסְלַח תִּסְלַח
נִסְלַח תִּסְלְחוּ תִּסְלַחְנָה יִסְלְחוּ תִּסְלַחְנָה

Present
אֲנִי, אַתָּה, הוּא — סוֹלֵחַ
אֲנִי, אַתְּ, הִיא — סוֹלַחַת
אֲנַחְנוּ, אַתֶּם, הֵם — סוֹלְחִים
אֲנַחְנוּ, אַתֶּן, הֵן — סוֹלְחוֹת

Imperative
סְלַח סִלְחִי סִלְחוּ סְלַחְנָה

D.
1. to the lampstand
2. from there
3. from the door
4. from an ear
5. like the nose
6. from heaven
7. from here
8. from a night
9. from the city
10. in the city
11. from the city
12. from the eyes
13. from the house
14. from a river
15. from the field

E.
1. from a day
2. like the small, like the large
3. from a city, to a city
4. the house
5. from morning until evening
6. from here to there
7. from the tree to the mouth
8. from the father to the son
9. from house to house
10. from the father to the mother

F.
1. מִשָּׁנָה לְשָׁנָה
2. מֵהַבַּיִת לַגַּן
3. מֵהַיּוֹם הַזֶּה
4. מֵהַבַּיִת הַזֶּה
5. מֵהַמִּשְׁפָּחָה הַזֹּאת
6. מִמִּצְרַיִם
7. מִירוּשָׁלַיִם
8. מֵהַשָּׁמַיִם לָאָרֶץ
9. מֵהָעִיר
10. מֵהָעִיר הַיָּפָה הַזֹּאת

G.

		Participle	Perfect	Imperfect
2.	הוּא	זוֹכֵר	זָכַר	יִזְכֹּר
3.	אֲנַחְנוּ	(f.) שׁוֹמְרוֹת	שָׁמַרְנוּ	נִשְׁמֹר
4.	אַתֶּן	שׁוֹלְחוֹת	שְׁלַחְתֶּן	תִּשְׁלַחְנָה
5.	אַתָּה	צוֹחֵק	צָחַקְתָּ	תִּצְחַק
6.	אֲנִי	(f.) סוֹלַחַת	סָלַחְתִּי	אֶסְלַח
7.	הִיא	מוֹכֶרֶת	מָכְרָה	תִּמְכֹּר
8.	אַתֶּם	שׁוֹמְעִים	שְׁמַעְתֶּם	תִּשְׁמְעוּ
9.	הֵם	מוֹלְכִים	מָלְכוּ	יִמְלְכוּ
10.	אַתְּ	כּוֹתֶבֶת	כָּתַבְתְּ	תִּכְתְּבִי

H.
1. האיש אשר עמד אצל הדלת הוא אחי.
2. האשה אשר זכרה את הנביא היא אמי.
3. הנביא הזה כותב על הלוח.
4. בבקר אני אומר בקר טוב.
5. בלילה אחי הקטן אומר לילה טוב לאבי ולאמי.

I.
1. אָחִי הַגָּדוֹל
2. סִפְרֵנוּ הַקָּטָן
3. שִׁירוֹ הַיָּפֶה
4. שִׁירָיו הַיָּפִים
5. מְנוֹרָתָהּ הַקְּטַנָּה
6. תּוֹרָתֵנוּ הַקְּדוֹשָׁה
7. מִצְווֹתֵיכֶם הַגְּדוֹלוֹת
8. כּוֹכָבְךָ הַטּוֹב
9. עִירֵנוּ הַגְּדוֹלָה
10. דּוֹדִי הַטּוֹב

J.

1. עלה	11. ילד	21. ארץ
2. עשה	12. יצא	22. איש
3. צוה	13. בוא	23. אחד
4. קרא	14. דבר	24. אח
5. לקח	15. היה	25. אם
6. נתן	16. אב	26. אלהים
7. נשא	17. פנים	27. עיר
8. עבר	18. עם	28. עין
9. הלך	19. לב	29. אני
10. ידע	20. הר	30. קול

K.

מְנוֹרָה		מְנורוֹת	
מְנוֹרָתִי	מְנוֹרָתֵנוּ	מְנורוֹתַי	מְנורוֹתֵינוּ
מְנוֹרַתְךָ	מְנוֹרַתְכֶם	מְנורוֹתֶיךָ	מְנורוֹתֵיכֶם
מְנוֹרָתֵךְ	מְנוֹרַתְכֶן	מְנורוֹתַיִךְ	מְנורוֹתֵיכֶן
מְנוֹרָתוֹ	מְנוֹרָתָם	מְנורוֹתָיו	מְנורוֹתֵיהֶם
מְנוֹרָתָהּ	מְנוֹרָתָן	מְנורוֹתֶיהָ	מְנורוֹתֵיהֶן

סוּסָה		סוּסוֹת	
סוּסָתִי	סוּסָתֵנוּ	סוּסוֹתַי	סוּסוֹתֵינוּ
סוּסָתְךָ	סוּסַתְכֶם	סוּסוֹתֶיךָ	סוּסוֹתֵיכֶם
סוּסָתֵךְ	סוּסַתְכֶן	סוּסוֹתַיִךְ	סוּסוֹתֵיכֶן
סוּסָתוֹ	סוּסָתָם	סוּסוֹתָיו	סוּסוֹתֵיהֶם
סוּסָתָהּ	סוּסָתָן	סוּסוֹתֶיהָ	סוּסוֹתֵיהֶן

Lesson Twenty-Eight Numbers; More About Definite Article *THE*; More About Conjunction *AND*

A.

Masculine

אֶחָד שְׁנַיִם שְׁלֹשָׁה אַרְבָּעָה חֲמִשָּׁה

שִׁשָּׁה שִׁבְעָה שְׁמוֹנָה תִּשְׁעָה עֲשָׂרָה

Feminine

אַחַת שְׁתַּיִם שָׁלֹשׁ אַרְבַּע חָמֵשׁ

שֵׁשׁ שֶׁבַע שְׁמוֹנֶה תֵּשַׁע עֶשֶׂר

B.

אַחַד עָשָׂר שְׁנֵים עָשָׂר שְׁלֹשָׁה עָשָׂר אַרְבָּעָה עָשָׂר חֲמִשָּׁה עָשָׂר

שִׁשָּׁה עָשָׂר שִׁבְעָה עָשָׂר שְׁמוֹנָה עָשָׂר תִּשְׁעָה עָשָׂר

אַחַת עֶשְׂרֵה שְׁתֵּים עֶשְׂרֵה שְׁלֹשׁ עֶשְׂרֵה אַרְבַּע עֶשְׂרֵה

חָמֵשׁ עֶשְׂרֵה שֵׁשׁ עֶשְׂרֵה שְׁבַע עֶשְׂרֵה שְׁמֹנֶה עֶשְׂרֵה תְּשַׁע עֶשְׂרֵה

C.

שְׁלֹשִׁים	30		
שלשים ואחד	31	ארבעים ואחד	41
שלשים ושנים	32	ארבעים ושנים	42
שלשים ושלשה	33	ארבעים ושלשה	43
שלשים וארבעה	34	ארבעים וארבעה	44
שלשים וחמשה	35	ארבעים וחמשה	45
שלשים וששה	36	ארבעים וששה	46
שלשים ושבעה	37	ארבעים ושבעה	47
שלשים ושמֹנָה	38	ארבעים ושמֹנָה	48
שלשים ותשעה	39	ארבעים ותשעה	49
ארבעים	40	חמשים	50

D.

שבעים	70	שבעים וששה	76
שבעים ואחד	71	שבעים ושבעה	77
שבעים ושנים	72	שבעים ושמֹנָה	78
שבעים ושלשה	73	שבעים ותשעה	79
שבעים וארבעה	74	שמונים	80
שבעים וחמשה	75	שמונים ואחד	81

שמונים ושנים	82	תשעים ואחד	91
שמונים ושלשה	83	תשעים ושנים	92
שמונים וארבעה	84	תשעים ושלשה	93
שמונים וחמשה	85	תשעים וארבעה	94
שמונים וששה	86	תשעים וחמשה	95
שמונים ושבעה	87	תשעים וששה	96
שמונים ושמֹנָה	88	תשעים ושבעה	97
שמונים ותשעה	89	תשעים ושמֹנָה	98
תשעים	90	תשעים ותשעה	99

E.
1. 8 (m.)
2. 17 (f.)
3. 34 (m.)
4. 59 (f.)
5. 99 (f.)
6. 23 (m.)
7. 77 (m.)
8. 65 (f.)
9. 31 (m.)
10. 1140
11. 49 (m.)
12. 88 (m.)
13. 71 (m.)
14. 29 (f.)
15. 55 (f.)
16. 63 (m.)
17. 32 (m.)
18. 87 (m.)
19. 94 (f.)
20. 126 (m.)

F.

	Masculine	*Feminine*
40	ארבעים	ארבעים
45	ארבעים וחמשה	ארבעים וחמש
31	שלשים ואחד	שלשים ואחת
24	עשרים וארבעה	עשרים וארבע
48	ארבעים ושמֹנָה	ארבעים ושמֹנֶה
98	תשעים ושמֹנָה	תשעים ושמֹנֶה
16	ששה עשר	שש עשרה
11	אחד עשר	אחת עשרה
94	תשעים וארבעה	תשעים וארבע
10	עשרה	עשר
39	שלשים ותשעה	שלשים ותשע
68	ששים ושמֹנָה	ששים ושמֹנֶה
62	ששים ושנים	ששים ושתים
9	תשעה	תשע
72	שבעים ושנים	שבעים ושתים
88	שמונים ושמֹנָה	שמונים ושמֹנֶה
70	שבעים	שבעים
92	תשעים ושנים	תשעים ושתים

133	מאה שלשים ושלשה	מאה שלשים ושלש
174	מאה שבעים וארבעה	מאה שבעים וארבע
186	מאה שמונים וששה	מאה שמונים ושש
199	מאה תשעים ותשעה	מאה תשעים ותשע
200	מאתים	מאתים
376	שלש מאות שבעים וששה	שלש מאות שבעים ושש
1000	אלף	אלף
1368	אלף שלש מאות ששים ושמֹנָה	אלף שלש מאות ששים ושמֹנֶה
1975	אלף תשע מאות שבעים וחמש	אלף תשע מאות שבעים וחמשה

G.

1. תשעה
2. ששים ושלשה
3. שמונים וחמש
4. תשעים וארבעה
5. מאה
6. מאה שבעים ושלשה
7. מאתים ותשעים
8. מאה ועשרה
9. מאה עשרים וארבע
10. מאה ועשרה

H.

1. ישבתי בעיר שלש שנים.
2. שבעה ימים בשבוע.
3. שלש מאות ששים וחמשה ימים בשנה.
4. שתי ידים לאיש.
5. ארבע רגלים לכלב.
6. שתי אזנים לסוס.
7. שתי עינים לאיש.
8. ארבע עינים לשני סוסים.
9. שתי רגלים לצפור.
10. אני לומד שש שעות ביום.

I.

1. שמונָה
2. שלשה
3. ארבע
4. שני
5. שתי
6. ששה
7. ששה
8. חמש
9. ארבע
10. עשר

J.

1. ברא אלהים את השמים ואת הארץ בשבעה ימים.
2. הוא קורא ששה ספרים ושמונה שירים.
3. לקחתי חמשה ילדים עמי לעיר.
4. נתן לי חמש מנורות ושני סוסים.
5. לקחנו שלשים ותשעה ספרים לעיר.

Lesson Twenty-Nine   Review of Lessons 20–28

A.

1. המנורה הזאת
2. המנורה הגדולה הזאת
3. המנורה הזאת גדולה
4. זה תפוח
5. אלה תפוחים
6. אלה תפוחים יפים
7. התפוחים היפים האלה על העץ
8. התפוחים האלה בבית הזה

B.

1. אני זוכר
2. אין אני זוכר
3. אתה אכלת
4. לא אכלתָ
5. לא אכלתָ
6. אנחנו נסגר את השער
7. לא נסגר את השער
8. הם סגרו את השערים

C.

1. הלכנו
2. אני אוכל
3. היא יודעת
4. הוא יודע
5. אין אנחנו יודעים
6. הוא יסלח
7. לקחו
8. תגמרי
9. הן תשמענה
10. גמרנו

D.

1. שירו
2. ראשנו
3. ידן
4. דודה
5. סוסי
6. מנורתי
7. סוסךְ
8. שירן
9. מנורתכם
10. שירךְ

E.

1. כְספר
2. כַספר
3. הכלב
4. מכלב
5. מהכלב
6. בבית
7. בבית קטן
8. בבית הקטן
9. בבית הקטן הזה
10. מהמלך

F.

1. אצל הנחל
2. מן ההר
3. תחת העץ
4. בלי מים
5. עד היום הזה
6. בין הסוסים
7. לפני המבול
8. אחרי הגשם

G.

1. שיריו
2. מצוותינו
3. ידיהם
4. סוסיה
5. תורתי
6. תורותי
7. סוסיךְ
8. שיריהן
9. סוסיכם
10. שירַיִךְ

H.

1. ספר אחד
2. מנורה
3. תפוח
4. עיר אחת
5. מגן
6. מהגן
7. מהספר
8. מספרים
9. מערב לערב
10. מהבית לשדה

I.

1. חמשה ספרים
2. משפחה אחת
3. שתי מנורות
4. ילד אחד
5. שני ילדים
6. שמֹנֶה צלעות
7. שלשה מלכים
8. תשע מנורות
9. עשרה סוסים
10. עשר סוסות

J.

1. שלשים ושנים	שלשים ושתים
2. חמשים ואחד	חמשים ואחת
3. ששים ושנים	ששים ושתים
4. עשרים ואחד	עשרים ואחת
5. חמשה	חמש
6. שנים (שני)	שתים (שתי)
7. שלשים	שלשים
8. עשרה	עשר
9. תשעים ותשעה	תשעים ותשע
10. מאה	מאה

K.

1. הֶהרים
2. ההרים הגדולים
3. האיש הֶעני
4. האשה היפה
5. המלך הֶחזק
6. וספר, וּספרים, והספרים
7. ונביא, וּנביאים, והנביאים
8. עשרים וארבעה, עשרים ושלשה, מאה וּשלשים

Lesson Thirty Review Text

A.
1. The king is laughing loudly [lit. with a big voice].
2. The dog took the garment from the boy.
3. The prophetess knows the wickedness which this man has done.
4. The scribe took twenty four books from the wise man.
5. After these things, the son remembered the dream which he saw in the night.
6. The daughter shut the door.

B.
1. כֶּלֶב
2. אֹזֶן
3. אֲנַחְנוּ
4. צָעִיר
5. צֵלָע
6. מַיִם
7. חֲלוֹם
8. לָבָן
9. סָלַח
10. בֵּן
11. קָרָא
12. עֵץ
13. אֶרֶץ
14. פֶּה
15. בְּרָכָה
16. לָשׁוֹן
17. אֲשֶׁר
18. שֵׁם
19. בַּת
20. פֹּה

C.
1. שָׁחוֹר
2. קָטָן
3. עָמַד
4. יוֹם
5. צָעִיר
6. מִן
7. עֶרֶב
8. נָתַן
9. עִם
10. שָׁכַח

D.
1. הלך אל גני.
2. זכר הבן את החלום אשר חלם בלילה.
3. ילמדו הילדים האלה את השיר היפה הזה.
4. לקחנו את מנורותינו מהאיש.
5. קראה הנביאה את הספר.
6. היא לא אכלה את הלחם אשר לקחה מן האיש הזקן הזה.

7. נשמע את שיריה.
8. הילדות האלה גדולות.
9. אתה לקחת את המנורה היפה הזאת מן הבית.
10. ברא אלהים את האשה מן הצלע אשר לקח מן האדם.

E. כָּתַבְתִּי כָּתַבְתָּ כָּתַבְתְּ כָּתַב כָּתְבָה
כָּתַבְנוּ כְּתַבְתֶּם כְּתַבְתֶּן כָּתְבוּ כָּתְבוּ

F. אֶשְׁמֹר תִּשְׁמֹר תִּשְׁמְרִי יִשְׁמֹר תִּשְׁמֹר
נִשְׁמֹר תִּשְׁמְרוּ תִּשְׁמֹרְנָה יִשְׁמְרוּ תִּשְׁמֹרְנָה

G. קוֹלִי קוֹלְךָ קוֹלֵךְ קוֹלוֹ קוֹלָהּ
קוֹלֵנוּ קוֹלְכֶם קוֹלְכֶן קוֹלָם קוֹלָן

H. תּוֹרָתִי תּוֹרָתְךָ תּוֹרָתֵךְ תּוֹרָתוֹ תּוֹרָתָהּ
תּוֹרָתֵנוּ תּוֹרַתְכֶם תּוֹרַתְכֶן תּוֹרָתָם תּוֹרָתָן

I.
1. לשירינו
2. כקולכם
3. בעירה
4. לסוסו
5. תחת עצך
6. עם אחי הקטן
7. מידי
8. בראשכם
9. לעירנו
10. בלי תפלתן
11. ימלך
12. הוא קורא
13. שלחת
14. ילמדו
15. אכלנו
16. אזכר
17. לקחתָ
18. עמד
19. אכלה
20. תשכחנה

J.
1. צָחַק הָאִישׁ הַזֶּה בְּקוֹל גָּדוֹל.
2. בְּרֵאשִׁית בָּרָא אֱלֹהִים אֵת הַשָּׁמַיִם וְאֵת הָאָרֶץ.
3. נָתְנוּ הַיְלָדִים הַטּוֹבִים הָאֵלֶּה אֶת־הַפְּרָחִים הַלְּבָנִים לָאִשָּׁה הַזְּקֵנָה הַזֹּאת.
4. הָלְכָה הָאִשָּׁה לָעִיר עִם בָּנֶיהָ.
5. לָקַח אֶת־הַמַּיִם אֲשֶׁר נָתְנָה לָאִישׁ הַזָּקֵן.

K.
1. חמשה
2. תשעים ותשעה
3. שלשים ותשעה
4. עשרים ושמנָה
5. ששים וחמשה
6. עשרים ותשעה
7. שבעים ושמנָה
8. ששים ושלשה
9. חמשים
10. ששים ואחד

Lesson Thirty-One Singular Nouns in the Construct State

A. 1. a name, a man, the name of the man
    2. a name of a man
    3. a garden, a city, a garden of a city
    4. the garden of the city
    5. the land of Egypt
    6. the uncle of the boy
    7. the door of the house
    8. the head of the city
    9. a glass of water
    10. the judge of the city

B. 1. the love of the boy
    2. the prayer of the mother
    3. the daughter of the king
    4. the mother of the boy
    5. the law of Moses
    6. the joy of life
    7. the beast of the field
    8. the queen of the city
    9. the family of the king
    10. the book of the law

C.

6. סֵפֶר הָעָם	1. שֵׁם הַמַּלְכָּה
7. אֶרֶץ יִשְׂרָאֵל	2. יוֹם גֶּשֶׁם
8. דּוֹד הָאִישׁ	3. תְּפִלַּת הַמַּלְכָּה
9. רֹאשׁ הַמִּשְׁפָּחָה	4. אֵם הַיַּלְדָּה
10. שִׂמְחַת הַיְלָדִים	5. מְנוֹרַת הַבַּיִת

64

E. *Words undergoing change*

1. The men did not listen to the word of God. — דְּבַר
2. The son of the king found the dog by the sea shore. — בֶּן, שְׂפַת
3. The family of the king sat in the prophet's room. — מִשְׁפַּחַת, חֲדַר
4. The prophet of the city read from the book of the law which was in his hand. — נְבִיא
5. The wife of the king went out from this city. — אֵשֶׁת
6. I did not know the language of this people. — שְׂפַת

1. שְׂפַת הָאִישׁ
2. אֵשֶׁת הַמֶּלֶךְ
3. מִשְׁפַּחַת הַנָּבִיא
4. בֶּן־הָאִישׁ בְּיַד הַמֶּלֶךְ.
5. בְּבֵית הַמֶּלֶךְ חֲדַר הַנָּבִיא.

Lesson Thirty-Two Plural Nouns in the Construct State

A.

1. שִׁירֵי שְׁלֹמֹה
2. סוּסוֹת הָאִישׁ
3. סוּסֵי הָאִישׁ
4. חַיֵּי אַבְרָהָם
5. עַם הָעִיר
6. תְּפִלּוֹת אָב
7. עֲבוֹדוֹת הַבַּיִת
8. מְנוֹרוֹת הָאִישׁ
9. עֵינֵי הָאִשָּׁה
10. יְדֵי הַנָּבִיא

B.

1. the life of the people
2. the ears of the horse
3. the God of Israel
4. the lamp of the table
5. the lamp of the house
6. the lamps of the room
7. the eyes of the girl
8. the joy of the woman
9. a joy of a woman
10. the feet of the bird

C.

1. the sons of the land
2. the boys of Jerusalem
3. the water of the Jordan
4. words of a book
5. the books of the prophets
6. the hands of the woman
7. the horses of the king
8. the eyes of the father
9. the prayers of the people
10. the families of the city

D.

1. עֵינֵי
2. מְנוֹרַת
3. סִפְרֵי
4. דּוֹדֵי
5. סוּסוֹת
6. יְדֵי
7. שִׁירֵי
8. אָזְנֵי
9. מֵי
10. יַלְדֵי
11. אַנְשֵׁי
12. מִשְׁפְּחוֹת
13. דְּבַר
14. פְּנֵי
15. תּוֹרַת

E. Sentences are dependent upon the individual student.

F.

1. What is the name of this street?
2. The children [lit. sons] of Israel went out from the land of Egypt with Moses.
3. The name of this city is Jerusalem.
4. I read the words of this book.

5. The woman finished the works of the house.
6. Who wrote the law?
7. Moses answers the questions of the women.
8. The women's joy was great.
9. The daughter of the king came to the land of Israel a year ago.
10. The men of the city did not know that the King of Israel had gone out from the land of Jordan.

Lesson Thirty-Three Biblical Passage from Genesis, Chapter 3: Adam, Eve, and the Serpent

A.

1.	אכל	you (m. pl.) shall eat	6.	היה	and you (m. pl.) will be
2.	אמר	and she said	7.	נתן	and she gave
3.	אכל	we shall eat	8.	ידע	knowing (part.)
4.	מות	you (m. pl.) will die	9.	ראה	and she saw
5.	לקח	and she took	10.	אכל	your eating

B.

ע״ו — מות
פ״י — ידע
ל״ה — ראה
פ״נ — נפל
ל״א — קרא

C.

1. כל ערב
2. כל הערב
3. חית השדה
4. ממנה, מהם
5. יום השנה
6. כל הנחשים, כל נחש
7. לה, עמנו, לו, עמי
8. עץ הגן
9. עמך, עמו
10. אהבת התורה

D.

1. תאכל מכל פרי העצים אשר בגן.
2. ותקח האשה מן פרי העץ ותתן לאישה ויאכל.
3. ותרא האשה כי הפרי טוב למאכל, ותאכל ממנו.
4. ויהי הנחש אצל העץ אשר בתוך הגן.
5. ידע האיש כי כל עץ הגן טוב למאכל.

F.

בְּתוֹכִי בְּתוֹכְךָ בְּתוֹכֵךְ בְּתוֹכוֹ בְּתוֹכָהּ
בְּתוֹכֵנוּ בְּתוֹכְכֶם בְּתוֹכְכֶן בְּתוֹכָם בְּתוֹכָן
עִמִּי עִמְּךָ עִמֵּךְ עִמּוֹ עִמָּהּ
עִמָּנוּ עִמָּכֶם עִמָּכֶן עִמָּהֶם עִמָּהֶן

G.

לִי לְךָ לָךְ לוֹ לָהּ לָנוּ לָכֶם לָכֶן לָהֶם לָהֶן
מִמֶּנִּי מִמְּךָ מִמֵּךְ מִמֶּנּוּ מִמֶּנָּה
מִמֶּנּוּ מִכֶּם מִכֶּן מֵהֶם מֵהֶן

H.

1. לָקַח
2. יָדַע
3. קָרָא
4. רֹאשׁ
5. שִׁבְעָה
6. יָצָא
7. דֶּרֶךְ
8. הַר
9. עָבַר
10. שָׁלַח
11. מָצָא
12. אָהַב
13. שָׁמַע
14. קָרָא
15. קוֹל
16. חַיִּים
17. אֵם
18. אֱלֹהִים
19. שִׂים
20. זָכַר
21. אָח
22. עַיִן
23. בָּרָא
24. לֵב
25. מוּת
26. שׁוּב
27. צִוָּה
28. נָשָׂא
29. עָלָה
30. פָּנִים

A. 1. Niphal   he was eaten

    2. Piel   he smashed

    3. Hiphil   he caused to remember

    4. Hithpael   he hid himself

    5. Hiphil   he caused to reign, he crowned

    6. Niphal   it was stolen

    7. Hophal   he was made king

    8. Niphal   we were eaten

    9. Piel   they smashed

    10. Hiphil   she fed (caused to eat)

B. 1. to illuminate

    2. to improve (cause to be good)

    3. to darken

    4. to make white

    5. to make holy, sanctify

    6. to strengthen oneself

    7. to magnify (make great)

    8. to cause to be king, to crown

    9. to make great

    10. to listen to

C. (Hebrew sentences are dependent upon the individual student.)

Qal — expresses a simple or causal action of the root in the active.

Niphal — expresses the passive of Qal; it may also express a reflexive action.

Piel — usually expresses an intensive or intentional action.

    — sometimes introduces a new meaning to the Qal form.

    — may express a repeated or extended action.

Pual — expresses the passive of Piel.

Hiphil — usually expresses the causative action of Qal.

Hophal — expresses the passive of Hiphil.

Hithpael — mainly expresses the reflexive action of Qal or Piel.

D. 1. The boy fell and broke his foot.
    2. Moses came down from the mountain and smashed the tablets which were in his hands.
    3. The men stole the gold from the temple.
    4. When the priests came to the temple they cried aloud: the silver and the gold have been [lit. is] stolen.
    5. Moses sent men to Jericho, the great city.
    6. The Egyptians expelled the sons of Israel from Egypt.
    7. The prophet prophesied concerning [lit. against] Jerusalem.
    8. The mother fed her small son.
    9. The Egyptians enslaved the sons of Israel with hard labor.
    10. The man and his wife hid themselves because they knew that they were naked.

Lesson Thirty-Five Biblical Passage from Genesis, Chapter 1: The Creation

A.

1. רוּחוֹת	6. לֵילוֹת
2. אֲנָשִׁים	7. עֵצִים
3. יָמִים	8. אֲרָצוֹת
4. כּוֹכָבִים	9. נָשִׁים
5. אוֹרוֹת	10. צְלָמִים

B.

1. קרא and he called	6. נתן and she gave
2. היה she was	7. ראה and he saw
3. ראש in the beginning	8. אכל you (m. pl.) shall eat
4. אמר and he said	9. מות you (m. pl.) will die
5. לקח and she took	10. היה and you (m. pl.) will be

C.
1. In the beginning darkness was over the face of the land and over the face of the waters.
2. God created the light and he named it day and the darkness he named night.
   קָרָא לְ– to call to = to name
3. The man was created in the image of God on the sixth day.
4. And God saw the light, that it was good.
5. The sun and the moon and the stars were created on the fourth day.

D.
1. וַיַּרְא אֱלֹהִים כִּי טוֹב.
2. הָיָה הָאִישׁ כְּצֶלֶם אֱלֹהִים.
3. וַיִּקְרָא לָאוֹר יוֹם.
4. רָאָה יוֹסֵף בַּחֲלוֹמוֹ אֶת־הַשֶּׁמֶשׁ וְאֶת־הַיָּרֵחַ וְאֶת־הַכּוֹכָבִים.
5. בְּרֵאשִׁית הָיְתָה רוּחַ אֱלֹהִים עַל־פְּנֵי־הַמַּיִם.

E.

צַלְמִי	צַלְמֵנוּ
צַלְמְךָ	צַלְמְכֶם
צַלְמֵךְ	צַלְמְכֶן

צַלְמוֹ	צַלְמָם
צַלְמָהּ	צַלְמָן

Note

Some nouns undergo vowels changes when the pronominal suffixes are added.

Thus

בַּיִת becomes בֵּיתְךָ, בֵּיתִי etc.

מֶלֶךְ becomes מַלְכְּךָ, מַלְכִּי etc.

You will learn more about these changes in future lessons.

Lesson Thirty-Six Biblical Passage from Genesis, Chapter 22: Abraham and Isaac

A.

1.	and he went	הלך	פ״ה
2.	and he said	אמר	פ״א
3.	and he took	לקח	פ״ל
4.	and it was	היה	ל״ה
5.	I shall say	אמר	פ״א
6.	and he saw	ראה	ל״ה
7.	go! (impv.)	הלך	פ״ה
8.	and they went	הלך	פ״ה
9.	and he lifted up	נשא	ל״א, פ״נ
10.	take! (impv.)	לקח	פ״ל

B.

1. דְּבָרִים
2. בָּנִים
3. חֲמוֹרִים
4. נְעָרִים
5. מְקוֹמוֹת
6. עֵינַיִם
7. עולות
8. הָאֵלֶּה
9. עֵצִים
10. הָרִים

C.

1. וַיְהִי *and it was* or *and it came to pass*, a shortened form of יִהְיֶה with waw consecutive.

2. הָאֱלֹהִים *God*, literally *the God.*

3. עִמּוֹ *with him*, the preposition עִם with 3 m. s. suffix.

אֵלָיו *to him*, the preposition אֶל with 3 m. pl. ending; אֶל takes plural endings when declined.

4. עֵצִים *trees*, the plural of עֵץ.

5. עוֹלָה *burnt offering*, from עלה *to go up*.

6. אַחַד הֶהָרִים *one of the mountains*. Here אַחַד is in the construct or genitive state. Notice the article with הָרִים.

D. 1. Abraham took his son to one of the mountains.

   2. And Abraham took his ass and two of his lads (or servants) and went to the place which was upon the mountain.

   3. And Isaac saw the fire and the wood and he said, "My father, where is the lamb for a burnt offering?"

   4. And it came to pass that when Abraham lifted his eyes (and), he saw the ram from afar among the trees.

E.

1. נִסָּה אֱלֹהִים אֶת־אַבְרָהָם וַיֹּאמֶר אֵלָיו, קַח אֶת־בִּנְךָ אֶל־הֶהָרִים.

2. וַיִּקַּח אַבְרָהָם אֶת־בְּנוֹ וְאֶת־שְׁנֵי נְעָרָיו וַיֵּלֶךְ אֶל־הַמָּקוֹם אֲשֶׁר רָאָה מֵרָחוֹק.

3. וַיִּשָּׂא יִצְחָק אֶת־עֵינָיו וַיַּרְא אֶת־הַחֲמוֹרִים בַּשָּׂדֶה.

4. וַיְהִי אַחֲרֵי הַדְּבָרִים הָאֵלֶּה וַיִּקְחוּ אַבְרָהָם וְיִצְחָק אֶת־הָאַיִל וַיֵּלְכוּ אֶל־הַבַּיִת.

Lesson Thirty-Seven Biblical Passage from Genesis, Chapter 37: Joseph's Dream

A.

1. אֲנַחְנוּ
2. מְקוֹמוֹת
3. כּוֹכָבִים
4. לֵילוֹת
5. רוֹעִים
6. חֲלוֹמוֹת
7. בָּנִים
8. לִפְנֵיכֶם
9. אַחִים
10. שָׁנִים

B.

1. הַלַּיְלָה *this night*, *tonight* (literally *the night*).
2. בֶּן־זְקוּנִים *late-born son* (literally, *son of old age*). In this context it means *the youngest son.*
3. רוֹעֶה *shepherding* (Qal participle); used also as a noun meaning *shepherd.*
4. צֹאן *flock*, a collective noun used in the singular.
5. הֲיָדַעְתָּ? *did you know*, *have you known? heh*-interrogative plus 2 person m.s. sing. perfect of יָדַע.
6. בּוֹא נָבוֹא *we shall indeed come* (literally *coming, we shall come*). The infinitive adds emphasis.
7. כַּאֲשֶׁר *when*, מָתַי *when?* (usually placed at the beginning of a question).
8. אֲלֵיהֶם *to them.* אֶל takes the plural pronominal suffixes.
9. בֶּן שְׁבַע עֶשְׂרֵה *seventeen years old*, literally *a son of seventeen years.*
10. שָׁנָה *year*, may also be used in the singular form with numerals.

C. Sentences are dependent upon the individual student.

D.

1. יַעֲקֹב הָיָה בֶּן־חֲמִשִּׁים שָׁנָה.
2. הֲזָכוֹר נִזְכֹּר אֶת־הַחֲלוֹם הַזֶּה?
3. וַיַּרְא בַּחֲלוֹמוֹ וְהִנֵּה הַיָּרֵחַ וְהַשֶּׁמֶשׁ עוֹמְדִים לְפָנָיו.

4. הֲזָכוֹר תִּזְכֹּר אֶת־הַשִּׁיר הַגָּדוֹל הַזֶּה?

5. מָה הַדָּבָר הַזֶּה אֲשֶׁר אָמַרְתָּ אֵלַי?

E. 1. Jacob dwelt in the land of Canaan forty years.

2. The father loved all his sons. He loved Joseph more than all the others because he was his youngest son.

3. The boy dreamed a dream: and behold, horses were standing before the sun and before the moon, and they were laughing with a loud voice.

4. The man surely remembered the words of the prophet and he went to this great city.

Lesson Thirty-Eight   Sample of Medieval Hebrew Poetry by Abraham Ibn Ezra

A.

1. שם האיש אשר כתב את השיר הזה הוא אברהם אבן עזרא.
2. שם השיר אשר קראתי הוא אשכים לבית השר.
3. האיש הלך לבית השר בבקר ובערב.
4. האיש לא ראה את השר כי השר כבר רכב.
5. בערב אמרו לו שהשר כבר עלה על משכבו.
6. אבן עזרא אמר: אוי לאיש עני אשר נולד בלי כוכב.

B.

1. הלך אבן עזרא לראות את השר בבקר השכם.
2. הוא לא מצא את השר כי הוא כבר יצא מן הבית.
3. אויה לאיש עני שנולד בלי כוכב

C. D. E. Answers may vary with each student.

Lesson Thirty-Nine Review of Lessons 31–38

A. סֵפֶר אֶחָד, שְׁנֵי סְפָרִים, חֲמִשָּׁה סְפָרִים, שְׁלֹשִׁים סְפָרִים,
אַרְבָּעִים וַחֲמִשָּׁה סְפָרִים, מְנוֹרָה אַחַת, שְׁתֵּי מְנוֹרוֹת,
חָמֵשׁ מְנוֹרוֹת, שְׁלֹשִׁים מְנוֹרוֹת, שִׁשִּׁים וְחָמֵשׁ מְנוֹרוֹת

B. תְּפִלַּת הָאִישׁ, סוּסֵי הַמֶּלֶךְ, סֵפֶר הַנָּבִיא, תְּפִלּוֹת דָּוִד,
שִׁיר הַשִּׁירִים, עֵינֵי הַיַּלְדָּה, בֵּית הָאִשָּׁה הַזֹּאת, גִּבּוֹרֵי מֶלֶךְ יִשְׂרָאֵל

C. מֵהַבַּיִת, לְלַיְלָה אֶחָד, עַד הַבֹּקֶר, עַל הָאָרֶץ, מִיּוֹם לְיוֹם,
בְּלִי הָאָב, אֶל הָעִיר

D. אֵלָיו, מִמֶּנִּי, עִמָּנוּ, בְּתוֹכִי, לָכֶם, אֵלֵינוּ, בְּתוֹכֵנוּ,
מִמֶּנּוּ, עִמָּהּ, לוֹ

E. כָּל לַיְלָה, כָּל־הַלַּיְלָה, כָּל יוֹם, כָּל־הַיּוֹם, כֻּלָּנוּ,
כָּל שָׁנָה, כָּל־הַסְּפָרִים, בְּמֶשֶׁךְ הַשָּׁנָה

F. יֹאכַל, וַיֹּאכַל, אָכַל, וְאָכַל, לָקַח, וַיִּקַּח, רָאֲתָה,
וַתֵּרֶא, רָאָה, וַיֵּרֶא, שָׁבַר, שִׁבֵּר, אָכַל, הֶאֱכִיל, שָׁלַח,
נִשְׁלַח, רָחַץ, רָחַץ יָדַיִם, הִתְרַחֵץ בַּיָּם

G.
1. ל״א: מצא, יצא, קרא, נשא, חבא
2. פ״י: ישב, יצא
3. ל״ה: ראה, בנה, רעה, נסה, היה
4. ע״ו: קום, מות, בוא
5. שלח, כתב, רחץ, לקח

H. לִרְאוֹת, לִסְלֹחַ, לָקַחַת, לִשְׁמֹר, לִשְׁמֹעַ, לֶאֱכֹל, לָשֶׁבֶת
לַעֲלוֹת, לָלֶכֶת, לַעֲשׂוֹת

Lesson Forty Sample Final Examination

A. 1. And the woman said to the serpent, "From the fruit of the tree of the garden we may eat, but from the fruit of the tree in the midst of the garden, God said, 'you shall not eat from it, lest you die'."

2. And the serpent said to the woman, "You will certainly not die, for God knows that on the day when you eat of it, (and) you will be as gods who know good and evil."

3. And God said, "Let there be light in the heavens." And God saw the light, that it [was] good.

4. And God called the light day and the darkness he called night.

5. On the sixth day God created man in his image.

6. And he said, "Take your son Isaac whom you love and go with him to one of the mountains of which I shall tell you."

7. And Isaac said to Abraham, "Behold, here is the fire and the wood [lit. trees], but where is the lamb for a burnt offering?"

8. When Joseph was seventeen years old he was tending the sheep with his brothers.

9. And Joseph dreamed a dream. Joseph walked to his brothers and said to them, "Hear the dream which I dreamt this night."

10. And Jacob said to Joseph, "What is this dream which you have dreamt? Will I and your mother and your brothers indeed come to stand before you?"

B.

1. הנחש אמר אל האשה: לא תמותו כאשר תאכלו מפרי עץ הגן.

2. אלהים קרא לחשך לילה.

3. אלהים ברא את האדם ביום הששי בצלמו.

4. אלהים אמר אל אברהם: קח את בנך יצחק ולך עמו אל ההרים.

5. יוסף היה בן שבע עשרה שנה כאשר היה רועה.

C. And they heard the voice of God in the garden and the man and his wife hid themselves among the trees of the garden. And God called to the man and said to him, "Where are you?" And the man said, "I heard your voice in the garden and I was afraid, for I was naked and I hid myself." And God said, "Who told you that you were naked? Did you eat from the tree which is in the midst of the garden?" And the man said, "This woman gave me [some fruit] from the tree and I ate." And the woman said, "The serpent gave me some of the fruit of the tree of the garden and I gave (some of it) to my husband and he also ate with me."

D.

1. אַתָּה אָכַלְתָּ מִפְּרִי הָעֵץ בַּגָּן.
2. רָאֲתָה הָאִשָּׁה כִּי הָעֵץ בְּתוֹךְ הַגָּן טוֹב לָעֵינַיִם.
3. קָרָא אֱלֹהִים לָאוֹר יוֹם, וַיַּרְא כִּי טוֹב.
4. וַיֹּאמֶר יוֹסֵף אֶל יַעֲקֹב, בַּחֲלוֹמִי הִנֵּה הַשֶּׁמֶשׁ, הַיָּרֵחַ וְהַכּוֹכָבִים.
5. נָשָׂא יִצְחָק אֶת־עֵינָיו וַיַּרְא אֶת־הָאַיִל אֲשֶׁר נָתַן אֱלֹהִים לוֹ.
6. יַעֲקֹב בֶּן־חֲמִשִּׁים שָׁנָה וַיֹּאמֶר אֶל־עֲבָדָיו זָכוֹר זָכַרְתִּי אֶת הַדְּבָרִים אֲשֶׁר דִּבֵּר אֱלֹהִים אֵלַי בַּחֲלוֹם.

E.

1. הַסֵּפֶר, הַסֵּפֶר הַזֶּה, הַסֵּפֶר הַגָּדוֹל הַזֶּה, הַסֵּפֶר הַזֶּה גָּדוֹל, הַסְּפָרִים הָאֵלֶּה
2. הַסּוּסוֹת הַיָּפוֹת הָאֵלֶּה, הַסּוּסָה הַזֹּאת יָפָה, הַלַּיְלָה הַזֶּה, הַלֵּילוֹת הָאֵלֶּה וְהַיָּמִים הָאֵלֶּה
3. אֲנִי זוֹכֵר, אֵין אֲנִי זוֹכֵר, אָכַלְנוּ, לֹא אָכַלְנוּ, הִיא רָאֲתָה, הֵן תִּזְכֹּרְנָה, אֲנַחְנוּ עוֹמְדִים, וַיִּתֵּן, וַתֵּרֶא
4. מְנוֹרָתוֹ, מְנוֹרוֹתָיו, יָדֵנוּ, יָדֵינוּ, סוּסָהּ, סוּסֶיהָ, שִׁירֵיהֶן, כּוֹכָבָם, סוּסוֹתֵיכֶן, סוּסַתְכֶם
5. כַּבַּיִת, מֵהַבַּיִת, עַל הַבַּיִת, בַּבַּיִת, לִפְנֵי הַבַּיִת, תַּחַת הַבַּיִת, עִם הָאִישׁ
6. בְּלִי חַיִּים, לִפְנֵי הַיּוֹם הָרַע, עַד הַלַּיְלָה הַזֶּה, בֵּין הָעֵצִים, בֵּין הַבַּיִת וּבֵין הָעֵץ
7. שְׁנֵי סְפָרִים, שְׁתֵּי יְלָדוֹת, בַּיִת אֶחָד, סוּסָה אַחַת, שְׁלֹשִׁים וַחֲמִשָּׁה סְפָרִים, מֵאָה תְּמוּנוֹת

F.

1. אֲנָשִׁים
2. נָשִׁים
3. מִשְׁפָּחוֹת
4. דְּבָרִים
5. יְלָדוֹת
6. עֵינַיִם
7. בָּתִּים
8. סְפָרִים
9. יָמִים
10. יְלָדִים

G.

1. כָּתַבְתִּי כָּתַבְתָּ כָּתַבְתְּ כָּתַב כָּתְבָה
כָּתַבְנוּ כְּתַבְתֶּם כְּתַבְתֶּן כָּתְבוּ
אֶכְתֹּב תִּכְתֹּב תִּכְתְּבִי יִכְתֹּב תִּכְתֹּב
נִכְתֹּב תִּכְתְּבוּ תִּכְתֹּבְנָה יִכְתְּבוּ תִּכְתֹּבְנָה
כְּתֹב כִּתְבִי כִּתְבוּ כְּתֹבְנָה

2. חֲלוֹמִי חֲלוֹמְךָ חֲלוֹמֵךְ חֲלוֹמוֹ חֲלוֹמָהּ
חֲלוֹמֵנוּ חֲלוֹמְכֶם חֲלוֹמְכֶן חֲלוֹמָם חֲלוֹמָן

3. תּוֹרוֹתַי תּוֹרוֹתֶיךָ תּוֹרוֹתַיִךְ תּוֹרוֹתָיו תּוֹרוֹתֶיהָ
תּוֹרוֹתֵינוּ תּוֹרוֹתֵיכֶם תּוֹרוֹתֵיכֶן תּוֹרוֹתֵיהֶם תּוֹרוֹתֵיהֶן

I.
1. why?
2. mother
3. these
4. morning
5. king
6. silver
7. gold
8. life
9. face
10. water
11. before
12. only
13 to create
14. to write
15. wing
16. for
17. how many?
18. door
19. until
20. when?
21. to sell
22. way
23. mountain
24. spirit, wind
25. city
26. eye
27. prayer
28. there
29. to remember
30. to go down

J.
1. עלה
2. עשה
3. צוה
4. לשון
5. נתן
6. לקח
7. הלך
8. ילד
9. יצא
10. בוא
11. דבר
12. קרא
13. שלח
14. מצא
15. מלך
16. נהר
17. כסא
18. עין
19. אב
20. עם
21. לב
22. יד
23. עיר
24. אח
25. שפה
26. ראש
27. ארץ
28. שמע
29. ידע
30. פנים